IFO-INSTITUT FÜR WIRTSCHAFTSFORSCHUNG

STRUKTUR UND WACHSTUM
REIHE ABSATZWIRTSCHAFT

Heft 12

IFO-INSTITUT FÜR WIRTSCHAFTSFORSCHUNG

Finanzierungsverhältnisse und -erfordernisse im Großhandel in der Bundesrepublik Deutschland

Von

Josef Lachner

DUNCKER & HUMBLOT / BERLIN·MÜNCHEN

CIP-Kurztitelaufnahme der Deutschen Bibliothek

Lachner, Josef:
Finanzierungsverhältnisse und -erfordernisse im Grosshandel in der Bundesrepublik Deutschland / von Josef Lachner. Ifo-Inst. für Wirtschaftsforschung. — Berlin: Duncker und Humblot, 1987.
  (Struktur und Wachstum: Reihe Absatzwirtschaft; H. 12)
  ISBN 3-428-06235-3

NE: Struktur und Wachstum / Reihe Absatzwirtschaft

Alle Rechte vorbehalten
© 1987 Duncker & Humblot GmbH, Berlin 41
Satz: Werksatz Marschall, Berlin 45; Druck: W. Hildebrand, Berlin 65
Printed in Germany

ISBN 3-428-06235-3

Vorwort

Der traditionelle Großhandel ist aufgrund nachhaltiger Veränderungen in seinem Umfeld zu erheblichen Anpassungen hinsichtlich Art und Umfang der Funktionserfüllung und Leistungserbringung gezwungen, soll nicht in erheblichem Maß Marktterrain an Vertriebsorganisationen und Unternehmen anderer Wirtschaftsbereiche und -stufen verlorengehen. Welche Anpassungsmaßnahmen der Großhandel auch immer trifft, in den meisten Fällen sind damit erhebliche Investitionen und entsprechende Finanzierungserfordernisse verbunden.

Im Auftrag des Bundesministers für Wirtschaft und mit Förderung des Bundesverbandes des Deutschen Groß- und Außenhandels hat das Ifo-Institut die Finanzierungsverhältnisse und -erfordernisse des Großhandels eingehend analysiert. Wesentliche Fragen waren hierbei u. a., ob der Großhandel in ausreichendem Maße investieren kann, wie es mit den Innen- und Außenfinanzierungsspielräumen bestellt ist, ob die Eigenkapitalbasis zu schwach ist.

Die Ergebnisse der vorliegenden Studie sollen den Großhandelsunternehmen und -verbänden, aber auch den wirtschaftspolitisch zuständigen Instanzen einen Einblick in den Problemkreis „Finanzierung im Großhandel" geben und damit die Basis für Entscheidungen und Maßnahmen in diesem Bereich verbessern.

Die Untersuchung wurde von der Abteilung Mittelständische Wirtschaft und Warendistribution des Ifo-Instituts für Wirtschaftsforschung (Leitung: Dr. Batzer) durchgeführt.

Prof. Dr. Karl Heinrich Oppenländer
Präsident
des Ifo-Instituts für Wirtschaftsforschung
München

Inhaltsverzeichnis

I. Zur Untersuchung	13
1. Problemhintergrund und Aufgabenstellung	13
2. Informationsgrundlagen	14
3. Inhalte, Ansatz und Durchführung	18
II. Finanzierungssituation	20
1. Kapitalumschlag	20
2. Vermögensstruktur	24
3. Kapitalstruktur	27
4. Finanzstruktur	30
III. Veränderung der Finanzierungsverhältnisse	35
IV. Finanzierung des Kapitalbedarfs	43
1. Kapitalbedarf und seine Bestimmungsfaktoren	43
2. Finanzierung der Investitionen	54
3. Bedeutung der Innenfinanzierung	59
4. Finanzierung und Rentabilität	69
V. Investitions- und Finanzierungsperspektiven	75
1. Investitionstätigkeit	75
2. Kapitalbedarf	82
3. Finanzierung	85
VI. Zusammenfassung der Untersuchungsergebnisse in Thesenform	92
Literatur- und Quellenverzeichnis	95
Anhang	98

Tabellenverzeichnis

Tab. I/1: Verteilung von Unternehmen und Umsätzen im Großhandel — 16

Tab. II/1: Durchschnittliche Häufigkeit und Dauer des Kapitalumschlags im Großhandel, Einzelhandel und Verarbeitenden Gewerbe — 22

Tab. II/2: Durchschnittliche Häufigkeit und Dauer des Kapitalumschlags im Großhandel nach ausgewählten Fachzweigen — 23

Tab. II/3: Durchschnittliche Häufigkeit und Dauer des Kapitalumschlags im Großhandel nach Umsatzgrößenklassen — 24

Tab. II/4: Durchschnittliche Vermögensstruktur im Großhandel nach ausgewählten Fachzweigen — 25

Tab. II/5: Durchschnittliche Vermögensstruktur im Großhandel nach Umsatzgrößenklassen — 26

Tab. II/6: Durchschnittliche Kapitalstruktur im Großhandel nach ausgewählten Fachzweigen — 28

Tab. II/7: Durchschnittliche Kapitalstruktur im Großhandel nach Umsatzgrößenklassen — 29

Tab. II/8: Durchschnittliche Anlagedeckungsgrade und Liquiditätsgrad im Großhandel nach ausgewählten Fachzweigen — 33

Tab. II/9: Durchschnittliche Anlagedeckungsgrade und Liquiditätsgrad im Großhandel nach Umsatzgrößenklassen — 34

Tab. III/1: Entwicklung der Umschlagshäufigkeit im Großhandel nach Umsatzgrößenklassen — 36

Tab. III/2: Entwicklung des Anlagevermögens im Großhandel nach Umsatzgrößenklassen — 37

Tab. III/3: Entwicklung des Eigenkapitals im Großhandel nach Umsatzgrößenklassen — 38

Tab. III/4: Entwicklung des langfristigen Fremdkapitals im Großhandel nach Umsatzgrößenklassen — 39

Tab. III/5: Entwicklung der Anlagendeckung durch langfristiges Kapital im Großhandel nach Umsatzgrößenklassen — 40

Tabellenverzeichnis

Tab. III/6:	Entwicklung der Liquidität im Großhandel nach Umsatzgrößenklassen	41
Tab. III/7:	Entwicklung der Tilgungsfähigkeit im Großhandel nach Umsatzgrößenklassen	42
Tab. IV/1:	Veränderung der Anforderungen an den Großhandel von der Lieferantenseite im Urteil der Großhandelsunternehmen	45
Tab. IV/2:	Veränderung der Anforderungen an den Großhandel von der Lieferantenseite hinsichtlich bestimmter Funktionsbereiche und Tätigkeiten des Großhandels	46
Tab. IV/3:	Veränderung der Anforderungen an den Großhandel von der Abnehmerseite im Urteil der Großhandelsunternehmen	47
Tab. IV/4:	Veränderung der Anforderungen an den Großhandel von der Abnehmerseite hinsichtlich bestimmter Leistungen des Großhandels im Urteil der Großhandelsunternehmen	48
Tab. IV/5:	Entwicklung der Lagerumschlagshäufigkeit und der Lagerquote im Großhandel	50
Tab. IV/6:	Investitionsquoten des Großhandels nach Umsatzgrößenklassen	52
Tab. IV/7:	Veränderung der Investitionsaktivitäten im Großhandel	53
Tab. IV/8:	Art der Finanzierung von Investitionen im Großhandel nach ausgewählten Fachzweigen	56
Tab. IV/9:	Art der Finanzierung von Investitionen im Großhandel nach Umsatzgrößenklassen	58
Tab. IV/10:	Art der Finanzierung von Investitionen im Großhandel nach Rechtsformen	60
Tab. IV/11:	Entwicklung des Cash Flow sowie dessen Komponenten im Großhandel	63
Tab. IV/12:	Rohertrag, Aufwendungen und Jahresüberschuß im Großhandel	65
Tab. IV/13:	Cash Flow und Investitionsquote im Großhandel (Modellrechnung)	67
Tab. IV/14:	Netto-Cash Flow und zusätzlicher Gesamtkapitalbedarf im Großhandel (Modellrechnung)	68
Tab. IV/15:	Entwicklung von Umsatz- und Kapitalrenditen im Großhandel (vor Steuern)	72

Tab. IV/16:	Entwicklung von Umsatz- und Kapitalrenditen im Großhandel (nach Steuern)	73
Tab. V/1:	Investitionspläne im Großhandel nach ausgewählten Fachzweigen	76
Tab. V/2:	Investitionspläne im Großhandel nach Umsatzgrößenklassen	76
Tab. V/3:	Investitionspläne des Großhandels nach Sachanlagebereichen und nach ausgewählten Fachzweigen	77
Tab. V/4:	Investitionspläne des Großhandels nach Sachanlagebereichen und nach Umsatzgrößenklassen	79
Tab. V/5:	Investitionspläne des Großhandels nach Investitionsmotiven und nach ausgewählten Fachzweigen	80
Tab. V/6:	Investitionspläne des Großhandels nach Investitionsmotiven und nach Umsatzgrößenklassen	81
Tab. V/7:	Veränderungen im Anlage- und Umlaufvermögen des Großhandels nach ausgewählten Fachzweigen	83
Tab. V/8:	Veränderungen im Anlage- und Umlaufvermögen des Großhandels nach Umsatzgrößenklassen	84
Tab. V/9:	Finanzierung geplanter Anlageinvestitionen im Großhandel nach Finanzierungsarten und nach ausgewählten Fachzweigen	86
Tab. V/10:	Finanzierung geplanter Anlageinvestitionen im Großhandel nach Finanzierungsarten und nach Umsatzgrößenklassen	88
Tab. V/11:	Voraussichtliche Finanzierung der laufenden Betriebsmittel im Großhandel nach Finanzierungsmaßnahmen und nach ausgewählten Fachzweigen	89
Tab. V/12:	Voraussichtliche Finanzierung der laufenden Betriebsmittel im Großhandel nach Finanzierungsmaßnahmen und nach Umsatzgrößenklassen	90
Tab. A I/1:	Verteilung von Unternehmen und Umsätzen im Großhandel nach Beschäftigtengrößenklassen	98
Tab. A I/2:	Verteilung von Unternehmen und Umsätzen im Großhandel nach Betriebsformen	99
Tab. A I/3:	Verteilung von Unternehmen und Umsätzen im Großhandel nach Rechtsformen	100
Tab. A I/4:	Verteilung von Unternehmen und Umsätzen im Großhandel nach Absatzgebieten	100
Tab. A I/5:	Verteilung von Unternehmen und Umsätzen im Großhandel nach der kapitalmäßigen Abhängigkeit bzw. Unabhängigkeit	101

Abbildungsverzeichnis

Abb. II/1:	Vermögens- und Kapitalstruktur im Großhandel	31
Abb. IV/1:	Reale Investitions- und Umsatzentwicklung im Großhandel	51
Abb. IV/2:	Finanzierungsarten im Großhandel	54
Abb. IV/3:	Entwicklung des Cash Flow sowie dessen wesentliche Komponenten im Großhandel	62
Abb. IV/4:	Rohertrag, Aufwendungen und Jahresüberschuß im Großhandel	64
Abb. IV/5:	Gesamtkapitalrendite, Eigenkapitalrendite und Fremdkapitalzinssatz des Großhandels	71

I. Zur Untersuchung

1. Problemhintergrund und Aufgabenstellung

Neuere empirische Erhebungen des Ifo-Instituts in Industrie und Großhandel der Bundesrepublik Deutschland haben bestätigt, daß die im Umfeld des Großhandels vor sich gehenden erheblichen Veränderungsvorgänge insgesamt dazu geführt haben, daß der Großhandel inzwischen quantitativ umfangreichere und qualitativ differenziertere Funktionen und Leistungen zu erfüllen hat als in der Vergangenheit.[1] Durch Ausweitung und Veränderung der Beschaffungs- und Absatzmärkte gewinnen die Überbrückungsfunktionen des Großhandels zunehmende Bedeutung. Die Märkte werden infolge des umfangreicheren und dichteren Netzes von Beziehungen zwischen Lieferanten und Abnehmern sowie der größeren Produktvielfalt – trotz verbesserter Kommunikations- und Informationssysteme – immer schwerer überschaubar. Eine hochentwickelte Industriegesellschaft wie die der Bundesrepublik ist allein schon aufgrund dieser Gegebenheiten zur Erhaltung und Steigerung ihrer Funktionsfähigkeit in zunehmendem Maße auf die Erbringung von Großhandelsleistungen angewiesen.

Neben der Ausweitung, Intensivierung und Differenzierung großhändlerischer Funktionserfüllung und Leistungserbringung ist auch eine deutliche Akzentverschiebung bei einzelnen Aufgaben und Leistungen eingetreten. Der Großhandel muß inzwischen unterschiedlichsten Anforderungen der Marktpartner entsprechen und in der Lage sein, sich flexibel an Wandlungen in den Anforderungsprofilen anzupassen.

Die erhöhten Leistungsanforderungen an den Großhandel von seiten der Lieferanten betreffen fast alle wichtigen Funktionsbereiche und Tätigkeiten, in besonders starkem Maße Lagerhaltung und Sortimentsbildung, Logistik, Markterschließung, Verkaufsförderung und Marktpflege sowie den Kundendienst. Von Abnehmerseite stehen bezüglich der erhöhten Anforderungen vor allem Lieferbereitschaft und -zuverlässigkeit des Großhandels stark im Vordergrund.

Wie eingehende Ifo-Analysen im Großhandel ergeben haben, sind zahlreiche Unternehmen dieses Wirtschaftsbereiches dabei, sich an die veränderten und

---

[1] Vgl. Batzer, Erich u. a.: Die Warendistribution in der Bundesrepublik Deutschland, Schriftenreihe des Ifo-Instituts für Wirtschaftsforschung, Ifo-Studien zu Handels- und Dienstleistungsfragen, Nr. 24, München 1984, S. 41 ff.

insgesamt gestiegenen Anforderungen anzupassen, wobei vielfach recht unterschiedliche Strategien verfolgt werden. Um eine auf Leistungserhöhung zielende Investitionspolitik durchführen zu können, müssen jedoch bezüglich Kapitalausstattung, Eigenkapitalversorgung und Finanzierungsmöglichkeiten die entsprechenden Voraussetzungen gegeben sein. Auch muß der Großhandel die häufig unerläßliche Kreditgewährung an die Abnehmer in Form von Lieferantenkrediten oder auch Investitionskrediten wahrnehmen können.

Es war im Rahmen dieser Untersuchung zu prüfen, inwiefern die erforderlichen Voraussetzungen gegeben sind oder diesbezüglich Probleme bestehen. Die Anpassung der Großhandelsunternehmen an die Umfeldveränderungen und an die veränderten Anforderungen der Marktpartner wäre jedenfalls nicht in dem Maße möglich wie erforderlich, wenn gerade im Finanzierungsbereich Schwachstellen bestünden. Hieraus können sich nicht nur für den Wirtschaftsbereich Großhandel selbst erhebliche negative Struktur- und Leistungseffekte ergeben, sondern auch beträchtliche negative Wirkungen auf andere Wirtschaftsbereiche, so auf weite Bereiche der mittelständischen Industrie, des Handwerks und des Einzelhandels. Nur ein leistungsstarker Großhandel mit guter Finanzverfassung kann der Herausforderung der kommenden Jahre gerecht werden.

Vor diesem Hintergrund erschien es geboten, die Finanzierungssituation des Großhandels differenziert nach wichtigen Branchen und Unternehmensgrößen zu analysieren. Hierbei war sowohl die Eruierung der derzeitigen Kapital- und Finanzierungsverhältnisse unter wichtigen Aspekten, wie etwa Anteil von Eigen- und Fremdkapital an der Bilanzsumme, Deckung des Anlagevermögens durch Eigenkapital bzw. langfristig verfügbares Kapital sowie der Veränderung der Finanzierungsverhältnisse erforderlich, als auch eine Darstellung der Finanzierungsperspektiven für geplante Investitionen. In diesem Zusammenhang spielt auch die Ertragssituation und -entwicklung im Großhandel eine wesentliche Rolle, um die Innenfinanzierungsmöglichkeiten des Großhandels besser erkennen und abschätzen zu können.

Die Untersuchungsergebnisse sollen sowohl den wirtschaftspolitisch zuständigen Stellen als auch den Unternehmen des Großhandels und der Unternehmensberatung eine differenzierte Informationsbasis über die Finanzierungsverhältnisse in diesem wichtigen Wirtschaftsbereich vermitteln und damit eine Grundlage für Verbesserungsmaßnahmen schaffen.

2. Informationsgrundlagen

Eine wichtige Informationsbasis für die Analyse wurde durch schriftliche Primärerhebungen des Ifo-Instituts in bestimmten ausgewählten Großhandelsbranchen sowie durch ergänzende und vertiefende Gespräche mit Großhandelsunternehmen und -verbänden zu bestimmten Teilaspekten geschaffen.

2. Informationsgrundlagen

Im Rahmen der schriftlichen Befragungen wurden rund 360 Unternehmen des einzelwirtschaftlichen Großhandels der verschiedenen Branchen, Größen, Rechtsformen und Standorte erfaßt. Die Erhebungsergebnisse können zwar aufgrund bestimmter Befragungsbedingungen, wie z. B. Freiwilligkeit der Teilnahme, nicht als repräsentativ im stichprobentheoretischen Sinne angesehen werden, sie vermitteln aber wegen der guten Mischung nach relevanten Unternehmensmerkmalen einen fundierten Überblick über die Finanzierungsverhältnisse im Großhandel.

Das Erhebungsprogramm orientierte sich bei den Fragen nach der Vermögens- und Kapitalstruktur im Großhandel an den Befragungen, die das Ifo-Institut bereits in früheren Jahren (1961 und 1968) durchgeführt hatte.[2] Das ermöglichte diesbezüglich eine Fortschreibung der Ergebnisse früherer Befragungen.

Ein Vergleich des Durchschnittsumsatzes der Großhandelsunternehmen, die an der aktuellen Ifo-Befragung teilnahmen, mit dem im Rahmen der Handels- und Gaststättenzählung 1979 ermittelten Durchschnittsumsatz zeigt, daß die vom Ifo-Institut befragten Unternehmen im Durchschnitt wesentlich größer sind. Einem Umsatz in Höhe von durchschnittlich 6,3 Mio. DM je Unternehmen, wie er sich aus der Handels- und Gaststättenzählung ergibt, steht ein durchschnittlicher Umsatz der Ifo-Befragungsteilnehmer von rd. 36 Mio. DM gegenüber. Hierzu ist anzumerken, daß – unter Zugrundelegung betriebswirtschaftlicher wie marketingorientierter Kriterien – ein erheblicher Teil der in der Handels- und Gaststättenzählung erfaßten Unternehmen in einem Größenbereich liegt, in dem eine vollwertige Großhandelsleistung nicht mehr erbracht werden kann. Das bedeutet, daß die vom Ifo-Institut erfaßten Großhandelsunternehmen überwiegend dem Kreis des voll funktionsfähigen Großhandels zuzurechnen sind und diesen weitgehend repräsentieren.

Wie sich die an der Ifo-Erhebung beteiligten Unternehmen hinsichtlich Zahl und Umsatz nach Umsatzgrößenklassen verteilen, geht aus Tabelle I/1 hervor (vgl. auch Anhang – Tabellen AI/1 bis AI/5).

Neben den Ergebnissen der Primärerhebungen des Ifo-Instituts wurde amtliches wie nichtamtliches statistisches Material herangezogen. Dazu gehören die vom Statistischen Bundesamt veröffentlichten Daten über die Kostenstruktur im Großhandel und die Ergebnisse der Jahreserhebungen ebenso wie die Daten zu Bilanz- und Erfolgsrechnungen der Deutschen Bundesbank, die von der Kreditanstalt für Wiederaufbau vorgelegten Ergebnisse sowie Betriebsvergleichsergebnisse des Instituts für Handelsforschung an der Universität zu

---

[2] Vgl. Meyerhöfer, Walter: Finanzierungsverhältnisse im westdeutschen Großhandel, Schriftenreihe des Ifo-Instituts für Wirtschaftsforschung, Ifo-Studien für Handelsfragen, Nr. 9, München 1964; derselbe: Finanzierungsverhältnisse im Großhandel, Schriftenreihe des Ifo-Instituts für Wirtschaftsforschung, Ifo-Studien zu Handelsfragen, Nr. 16, München 1970.

Tab. I/1

Verteilung von Unternehmen und Umsätzen
im Großhandel
nach Umsatzgrößenklassen
Anteil in %

Unternehmensgröße (Jahresumsatz von... bis unter ... Mill. DM)	Unternehmen	Umsatz
- 5	22,8	1,9
5 - 10	23,7	4,7
10 - 25	25,6	11,2
25 - 50	13,3	13,0
50 - 100	6,0	12,7
100 - 200	5,7	21,1
200 und mehr	2,8	35,4
Insgesamt	100	100

Quelle: Erhebungen des Ifo-Instituts für Wirtschaftsforschung 1985.

Köln. Die Inhalte dieser Statistiken sind im folgenden unter dem Blickwinkel der Nutzung für die vorliegende Untersuchung kurz beschrieben:

Die *amtliche Kostenstrukturstatistik* basiert auf der Befragung einer Auswahl von Großhandelsunternehmen. Erfaßt werden u. a. die Kosten nach Kostenarten, der Umsatz sowie der Material- und Wareneinsatz. Als Bezugsgröße wird die Gesamtleistung herangezogen. Sie ergibt sich aus dem Umsatz ohne Mehrwertsteuer, den Bestandsveränderungen an selbst hergestellten und bearbeiteten Erzeugnissen sowie den selbst hergestellten aktivierten Anlagen. Die Daten der Kostenstrukturstatistik werden für den Großhandel im vierjährigen Turnus erhoben. Die jüngste Ausgabe dieser Statistik liegt für das Jahr 1980 vor.

Aus der *Jahreserhebung* werden vom Statistischen Bundesamt seit 1979 jährlich finanzwirtschaftlich relevante Daten wie Rohertrag, Aufwendungen für gemietete und gepachtete Sachanlagen, Bruttolohn- und -gehaltssumme, Investitionen sowie Verkaufserlöse aus dem Abgang von Sachanlagen veröffent-

2. Informationsgrundlagen

licht. Diese jährliche Statistik basiert auf einer repräsentativen Auswahl von Großhandelsunternehmen.

Die für die Untersuchung einschlägigen *Daten der Deutschen Bundesbank* sind den Jahresabschlüssen, die den Zweiganstalten der Landeszentralbanken im Zusammenhang mit dem Rediskont von Wechseln eingereicht worden sind, entnommen. Die Bilanzvorlage dient vorrangig der Prüfung der Bonität von Wechselverpflichteten. Das Datenmaterial der Deutschen Bundesbank erfaßt also nur jene Unternehmen, die Wechsel als Zahlungsmittel verwenden. Damit werden Unternehmen, die keine Wechselgeschäfte tätigen, oder deren Wechsel nicht bundesbankfähig sind, nicht erfaßt. Die Bundesbank weist selbst darauf hin, daß große Unternehmen, vor allem solche in der Rechtsform der Aktiengesellschaft, wesentlich stärker vertreten sind, als es ihrer Bedeutung im gesamten Unternehmensspektrum entspricht.

Die Aussagefähigkeit von Bilanzen und Ertragsrechnungen im Rahmen der Darstellung und Analyse der Finanzierungsentwicklung setzt voraus, daß sich die Daten auf einen möglichst gleichbleibenden Kreis von Unternehmen beziehen, zumindest darf keine wesentliche Unternehmensfluktuation vorliegen. Diese Voraussetzung ist aufgrund des Erfassungsanlasses — Prüfung der Bonität von Wechselverpflichtungen — bisher nur eingeschränkt gegeben. Der Repräsentationsgrad sowie die Stabilität der erfaßten Unternehmen haben sich in den zurückliegenden Jahren nach Angaben der Deutschen Bundesbank jedoch erheblich verbessert. Um Verzerrungen und Sondereinflüsse, die sich aus der Herkunft des Bilanzmaterials ergeben, so weit wie möglich auszugleichen und Zeitreihenanalysen zu ermöglichen, führt die Deutsche Bundesbank eine Hochrechnung der Basisdaten mit Hilfe der Ergebnisse der Umsatzsteuerstatistik des Statistischen Bundesamtes durch. Das Material weist außerdem aber insofern eine Verzerrung auf, als unter Großhandel auch Handelsvermittlungsunternehmen und Einkaufsgenossenschaften subsumiert werden, die in der Regel eine vom privatwirtschaftlichen Großhandel, der das Erkenntnisobjekt der vorliegenden Untersuchung darstellt, deutlich abweichende Vermögens- und Kapitalstruktur aufweisen.

Auch die *Kreditanstalt für Wiederaufbau* (KfW) verfügt für bestimmte Fragen dieser Untersuchung über geeignete Daten. Die Materialbasis der KfW resultiert aus Angaben, die in den Anträgen im Rahmen der diversen Programme abgefragt werden. Die Daten dürften jedoch insofern eine Verzerrung aufweisen, als sie sich nur auf investierende Unternehmen beziehen. Ferner liegen — aufgrund der Ausgestaltung der Programme der KfW — kaum Unterlagen für Unternehmen mit Umsätzen von über 200 Mio. DM vor.[3] Da im Großhandel jedoch nur knapp ein Prozent der Unternehmen einen Umsatz von 200 Mio. DM und darüber erzielt, dürfte diese Einschränkung der Aussage-

---

[3] Vgl. Irsch, Norbert: Die Eigenkapitalausstattung mittelständischer Unternehmen, in: Wirtschaftsdienst X/1985.

fähigkeit der KfW-Daten für die vorliegende Untersuchung im vertretbaren Rahmen liegen.

Vom *Institut für Handelsforschung an der Universität zu Köln* liegen Betriebsvergleichsergebnisse für ausgewählte Fachzweige des Großhandels vor, die Angaben über Kostenstruktur, Umsatz, beschäftigte Personen, Lagerumschlag, Skonti und Boni sowie verschiedene Bilanzpositionen enthalten.

3. Inhalte, Ansatz und Durchführung

Im ersten Teil der Untersuchung erfolgt zunächst eine Bestandsaufnahme der gegenwärtigen Finanzierungssituation im Großhandel anhand des Kapitalumschlags, der Vermögensstruktur, der Kapitalstruktur, der Deckung des Anlagevermögens durch Eigenkapital und durch langfristig verfügbares Fremdkapital sowie des Liquiditätsgrades. Die Ergebnisse werden nach Branchen und nach Umsatzgrößenklassen dargestellt. Die Ermittlung und Kommentierung dieser Strukturmerkmale nach verschiedenen Kriterien erfolgt vorwiegend auf der Basis der Ergebnisse der vom Ifo-Institut durchgeführten Befragung.

Um ein Entwicklungsbild zu erhalten, werden in einem zweiten Abschnitt die Ifo-Erhebungsergebnisse 1985 denen von 1969 gegenübergestellt. Verschiebungen in der Vermögensstruktur des Großhandels und der Finanzierung des Vermögens können dadurch sichtbar gemacht werden. Neben den Befragungsergebnissen des Ifo-Instituts werden hier auch Datenreihen der Kreditanstalt für Wiederaufbau sowie der Deutschen Bundesbank herangezogen.

Ein weiterer Teil der Untersuchung ist der Finanzierung des Kapitalbedarfs gewidmet. Zunächst werden die für den Kapitalbedarf relevanten Faktoren und ihre Entwicklung untersucht. Dabei erfolgt aus Gründen der Übersichtlichkeit eine Bündelung. Als Faktorbündel werden betrachtet: die Leistungsanforderungen von Lieferanten und Abnehmern, die Umsatztätigkeit und die Investitionstätigkeit.

Sodann wird die Bedeutung der verschiedenen Finanzierungsarten, die der Großhandel zur Deckung seines Kapitalbedarfs für Investitionen heranzieht, dargestellt.

In einem weiteren Abschnitt dieses Kapitels wird der Cash Flow als Indikator für die Innenfinanzierung und seine Entwicklung im Zeitablauf betrachtet. Um die Bedeutung der Innenfinanzierung im Großhandel beurteilen zu können, erfolgt eine Gegenüberstellung des Netto-Cash Flow und der Investitionsquote sowie des zusätzlichen Kapitalbedarfs. Unter dem Gesichtspunkt der Innenfinanzierung wird auch der Verlauf von Gesamtkapitalrendite und Eigenkapitalrendite ausführlich beschrieben. Ein abschließender Aspekt dieses Abschnitts betrifft den Zusammenhang zwischen der Entwicklung der Eigen-

3. Inhalte, Ansatz und Durchführung

mittelquote und dem Renditeverlauf. Insbesondere wird hier geprüft, ob sich ein Zusammenhang in der Entwicklung beider Variablen nachweisen läßt.

Im letzten Untersuchungsteil wird versucht, den künftigen Kapitalbedarf des Großhandels abzuschätzen. Grundlage hierfür sind u. a. Prognosen der mittel- und längerfristigen Entwicklung der Gesamtwirtschaft und des Großhandels.

Soweit eine Darstellung und Differenzierung der Untersuchungsergebnisse nach Branchen erfolgt, betrifft diese folgende Fachzweige des Produktionsverbindungshandels und des Konsumgütergroßhandels:

— Baustoffe
— Holz
— Sanitärmaterial
— Werkzeuge, Maschinen
— Papier, Pappe
— Chemikalien
— Nahrungs- und Genußmittel (allg. Sortiment)
— Textilien, Bekleidung, Lederwaren, Schuhe
— Rundfunk-, Fernseh- und Phonogeräte, Elektrogeräte
— Papier, Schreibwaren, Bürobedarf.

II. Finanzierungssituation

1. Kapitalumschlag

Unter Finanzierungsaspekten vollzieht sich die unternehmerische Tätigkeit im Großhandel in zwei Prozessen. Dem Strom der bezogenen, gelagerten, zum Teil be- und verarbeiteten und dann wieder abgegebenen Waren läuft der Strom der geleisteten und erhaltenen Zahlungen entgegen. Der Zahlungseingang für erbrachte Leistungen erfolgt gegenüber dem Kapitaleinsatz, der für die Leistungserstellung erforderlich ist, mit einer mehr oder weniger großen Zeitverzögerung. Je schneller das im Leistungserstellungsprozeß eingesetzte Kapital über den Verkauf von Waren und den Zahlungseingang wieder freigesetzt wird, desto weniger Kapitalbedarf hat das Unternehmen, um einen bestimmten Umsatz zu erzielen.

Der Kapitalumschlag läßt sich zum einen als Häufigkeit interpretieren. Er drückt dann aus, wie oft – bezogen auf einen bestimmten Zeitraum (z. B. Geschäftsjahr oder Kalenderjahr) – das im Betrieb eingesetzte Kapital umgesetzt wird. Die Berechnung erfolgt durch die Bildung des Quotienten Umsatz : Kapital, wobei das gesamte Kapital um neutrales Vermögen (z. B. Finanzanlagen, insbesondere Beteiligungen) korrigiert werden kann. Der Kapitalumschlag stellt eine Produktivitätskennziffer für den Kapitaleinsatz dar. Neben dem Kapitalumschlag als Häufigkeit kann auch die Dauer des Kapitalumschlags als Meßgröße herangezogen werden. Sie drückt aus, wieviel Zeit vergeht, bis das in das Unternehmen eingesetzte Kapital über die Umsätze wieder zurückfließt. Die Dauer des Kapitalumschlags in Monaten wird mit der Formel (Kapital : Umsatz) x 12 ermittelt. Je häufiger das Kapital innerhalb eines bestimmten Zeitraums umgeschlagen wird, desto geringer ist die durchschnittliche Bindungsdauer des Kapitals.

Den Erhebungen des Ifo-Instituts zufolge hat die durchschnittliche Kapitalumschlagshäufigkeit im Großhandel 1984 3,5 betragen d. h., daß das im Großhandel eingesetzte Kapital im Jahr 1984 durchschnittlich 3,5 mal über die Umsätze wieder zurückgeflossen ist. Das entspricht einer durchschnittlichen Kapitalbindungsdauer von 3,4 Monaten.

Ein Teil des Kapitals war im Jahr 1984 in Finanzanlagen, wie z. B. Beteiligungen und Wertpapiere, gebunden. Da diese Vermögenswerte häufig mit dem eigentlichen Betriebszweck nichts zu tun haben, wurde die Kapitalumschlagshäufigkeit auch ohne diese Vermögensbestandteile ermittelt. Es zeigt sich, daß nach dieser Korrektur die Kapitalumschlagshäufigkeit etwas höher ist (3,6).

Im Vergleich mit den entsprechenden Kennzahlen, die sich aus Daten der Deutschen Bundesbank ergeben, wird deutlich, daß die Unternehmen, die sich an der Ifo-Befragung beteiligt haben, eine wesentlich günstigere Umschlagshäufigkeit aufweisen. Den Unterlagen der Deutschen Bundesbank zufolge lag die Kapitalumschlagshäufigkeit 1983 (neuere Daten liegen nicht vor) bei 2,8 bzw. 2,9. Der Unterschied dürfte im wesentlichen darauf zurückzuführen sein, daß im Rahmen der Hochrechnung der Bundesbankdaten mit Hilfe der Umsatzsteuerstatistik kleinen Unternehmen, die häufig eine niedrigere Umschlagshäufigkeit aufweisen, eine stärkere Bedeutung zugemessen wurde als in den Erhebungen des Ifo-Instituts.

Die Statistik der Deutschen Bundesbank erlaubt einen Vergleich der Umschlagshäufigkeit verschiedener Wirtschaftsbereiche. Der Großhandel weist dabei eine wesentlich höhere Umschlagshäufigkeit auf als der Einzelhandel und das Verarbeitende Gewerbe. Entsprechend niedriger ist die Kapitalumschlagsdauer des Großhandels. Bereits nach 4,3 (einschließlich neutralem Vermögen) bzw. 4,2 Monaten (ohne neutralem Vermögen) fließt im Durchschnitt das im Großhandel eingesetzte Kapital wieder über die Umsatzerlöse zurück. Im Einzelhandel liegt der entsprechende Wert bei 5,4 (5,3), im Verarbeitenden Gewerbe ist der durchschnittliche Zeitraum noch länger; hier liegt er bei 7,5 (6,8) Monaten (vgl. Tab. II/1).

Um einen bestimmten Umsatz zu tätigen, brauchen also die Unternehmen des Großhandels relativ weniger Kapital als die Unternehmen des Einzelhandels oder des Verarbeitenden Gewerbes. Das ist u. a. auch darauf zurückzuführen, daß die Großhandelsfirmen einen erheblichen Anteil ihres Absatzes über Streckengeschäfte tätigen, die einen vergleichsweise geringen Kapitaleinsatz erfordern. Hinsichtlich der Häufigkeit des Kapitalumschlags bzw. der Kapitalumschlagsdauer bestehen erhebliche Unterschiede nach Fachzweigen. Mit Abstand die höchste Umschlagshäufigkeit weist – den Ifo-Erhebungen zufolge – der Großhandel mit Nahrungs- und Genußmitteln auf (vgl. Tab. II/2).

Der im Jahre 1984 getätigte Umsatz im Nahrungs- und Genußmittel-Großhandel macht etwa das Neunfache des eingesetzten Kapitals aus. Das ist u. a. stark vom Frischwarenbereich und dem raschen Umschlag verderblicher Produkte beeinflußt.[1] Einen relativ hohen Kapitalumschlag weist auch der Großhandel mit technischen Chemikalien auf. Der Umsatz beträgt hier etwa das Fünffache des eingesetzten Gesamtkapitals. Deutlich niedriger ist der Kapitalumschlag infolge der hohen Bedeutung des saisonbedingten Absatzes sowie der Sortimentsstruktur im Handel mit Textilien, Bekleidung, Lederwaren und

---

[1] Vgl. auch Eichhorn, Klaus / Fehr, Günther: Das schnelle Geschäft, Die Abwicklung des O & G-Geschäftes auf der Großhandelsstufe, Köln 1986, insbesondere S. 92 ff.

Tab. II/1 Durchschnittliche Häufigkeit und Dauer des Kapitalumschlags im Großhandel, Einzelhandel und Verarbeitenden Gewerbe im Jahre 1983

Wirtschaftsbereich	Kapitalumschlagshäufigkeit (...mal im Jahr) einschl. neutralem Vermögen	Kapitalumschlagshäufigkeit ohne neutrales Vermögen	Kapitalumschlagsdauer in Monaten einschl. neutralem Vermögen	Kapitalumschlagsdauer ohne neutrales Vermögen
Großhandel	2,8	2,9	4,3	4,2
Einzelhandel	2,2	2,3	5,4	5,3
Verarbeitendes Gewerbe	1,6	1,8	7,5	6,8

Quelle: Deutsche Bundesbank, Monatsberichte der Deutschen Bundesbank, November 1985.

Tab. II/2

Durchschnittliche Häufigkeit und Dauer
des Kapitalumschlags im Großhandel
nach ausgewählten Fachzweigen

Fachzweig	Kapitalumschlagshäufigkeit (...mal während des Geschäfts- bzw. Kalenderjahres)	Kapitalumschlagsdauer (in Monaten)
Baustoffe	4,0	3,0
Holz	2,5	4,8
Sanitärmaterial	2,6	4,5
Werkzeuge, Maschinen	2,7	4,5
Papier, Pappe	4,6	2,6
Chemikalien	5,1	2,4
Nahrungs- und Genußmittel	9,4	1,3
Textilien, Bekleidung, Lederwaren, Schuhe	2,8	4,3
Rundfunk-, Fernseh-, Phonogeräte, Elektrogeräte	2,5	4,9
Papier, Schreibwaren, Bürobedarf	2,6	4,7
Insgesamt	3,5	3,4

Quelle: Erhebungen des Ifo-Instituts für Wirtschaftsforschung 1985.

Schuhen. Auch im Großhandel mit Unterhaltungselektronik sowie mit Elektroartikeln liegt der Kapitalumschlag deutlich unter dem Durchschnitt des gesamten Großhandels.

Zwischen der Unternehmensgröße und der Kapitalumschlagshäufigkeit besteht ein deutlicher Zusammenhang. Mit zunehmender Unternehmensgröße nimmt die Kapitalumschlagshäufigkeit tendenziell zu, die Kapitalbindungsdauer entsprechend ab. Für die kleineren Großhandelsunternehmen mit einem Umsatz unter 5 Mio. DM wurde eine durchschnittliche Kapitalumschlagshäufigkeit von 2,7 ermittelt. Unternehmen mit einem Umsatz von 100 Mio. DM und mehr hingegen weisen eine Kapitalumschlagshäufigkeit von 4,7 auf (vgl. Tab. II/3).

Tab. II/3

Durchschnittliche Häufigkeit und Dauer
des Kapitalumschlags im Großhandel
nach Umsatzgrößenklassen

Unternehmensgröße (Jahresumsatz von... bis unter ... Mill.DM)	Kapitalumschlagshäufigkeit (...mal während des Geschäfts- bzw. Kalenderjahres)	Kapitalumschlagsdauer (in Monaten)
- 5	2,7	4,4
5 - 10	3,1	3,8
10 - 25	2,9	4,2
25 - 50	2,8	4,3
50 - 100	3,4	3,6
100 und mehr	4,7	2,6
Insgesamt	3,5	3,4

Quelle: Erhebungen des Ifo-Instituts für Wirtschaftsforschung 1985.

2. Vermögensstruktur

Um die Vermögensstruktur im Großhandel beurteilen zu können, ist es üblich, daß auf der Aktivseite der Bilanz die beiden Gruppen Anlagevermögen und Umlaufvermögen unterschieden werden. Dabei werden im Anlagevermögen jene Gegenstände und Werte zusammengefaßt, die dem Unternehmen auf Dauer dienen sollen. Das Umlaufvermögen besteht hingegen aus Vorräten, Forderungen aus Lieferungen und Leistungen sowie liquiden Mitteln, wie Bankguthaben, Schecks, Wechseln und Wertpapieren. Bei der Heranziehung des Jahresabschlusses zur Darstellung der Vermögensstruktur ist zu berücksichtigen, daß die Höhe der ausgewiesenen Bilanzpositionen im Vermögensbereich durch Wahrnehmung von Bilanzierungs- und Bewertungswahlrechten beeinflußt werden kann. Um die Jahresabschlüsse von Großhandelsunternehmen zusammenfassen und vergleichen zu können, muß davon ausgegangen werden, daß die Vermögensgegenstände nach weitgehend gleichen Maßstäben bewertet worden sind. Die Großhandelsunternehmen wurden bei der Erhebung des Ifo-Instituts gebeten, ihre Angaben in ein vorgegebenes Gliederungsschema einzutragen.

2. Vermögensstruktur

Im allgemeinen wirft die Zuordnung der Vermögensgegenstände zu den relevanten Kategorien keine Schwierigkeiten auf. Allerdings können sich im Umlaufvermögen Posten befinden, die erst nach längerer Zeit zu Geld werden, z. B. Wertpapiere, aber auch langfristige Forderungen aus Lieferungen und Leistungen sowie Lagerbestände, die sich aufgrund von exogenen Einflüssen, wie der Mode, erst längerfristig auflösen lassen.

Den Ergebnissen der Befragung des Ifo-Instituts zufolge betrug 1984 die Anlagenintensität (Anlagevermögen in Prozent der Bilanzsumme) im Durchschnitt des Großhandels 22 %, der Anteil des Umlaufvermögens an der Bilanzsumme 78 %.

Der Anteil von Anlage- bzw. Umlaufvermögen an der Bilanzsumme wird im wesentlichen bestimmt durch Art und Weise der Funktionserfüllung und Leistungserbringung, die in den verschiedenen Fachzweigen des Großhandels in Art und Ausmaß unterschiedlich sind. Die Vermögensstruktur ergibt sich vielfach aus den produkt- und abnehmerspezifischen Erfordernissen einerseits und den Wertansätzen für das Anlage- und Umlaufvermögen andererseits.

Tab. II/4

Durchschnittliche Vermögensstruktur im Großhandel
nach ausgewählten Fachzweigen
Anteil in %

Fachzweig	Anlagevermögen	Umlaufvermögen
Baustoffe	23	77
Holz	29	71
Sanitärmaterial	25	75
Werkzeuge, Maschinen	17	83
Papier, Pappe	20	80
Chemikalien	26	74
Nahrungs- und Genußmittel	22	78
Textilien, Bekleidung, Lederwaren, Schuhe	21	79
Rundfunk-, Fernseh-, Phonogeräte, Elektrogeräte	12	88
Papier, Schreibwaren, Bürobedarf	30	70
Insgesamt	22	78

Quelle: Erhebungen des Ifo-Instituts für Wirtschaftsforschung 1985.

Eine überdurchschnittlich hohe Anlagenintensität weisen der Großhandel mit Papier, Schreibwaren, Bürobedarf und der Holzhandel auf. Im Großhandel mit Werkzeugen und Maschinen sowie im Großhandel mit Unterhaltungselektronik und im Elektrogroßhandel hingegen ist ein wesentlich geringerer Anteil des Kapitals im Anlagevermögen gebunden. In diesen Fachzweigen ist der im Umlaufvermögen gebundene Wert überdurchschnittlich hoch (vgl. Tab. II/4).

Deutliche Unterschiede in der Zusammensetzung des Vermögens im Großhandel zeigen sich auch nach Umsatzgrößenklassen. Während die kleinen Unternehmen ein überdurchschnittlich großes Anlagevermögen — gemessen an der Bilanzsumme — ausweisen, ergab sich für die Unternehmen mit einem Jahresumsatz von 50 Mio. DM und darüber ein unterdurchschnittlicher Anteil. Das mag darauf zurückzuführen sein, daß eine Betriebsaufspaltung, bei der das Anlagevermögen in einer separaten Besitzgesellschaft erfaßt wird, bei den großen Unternehmen häufiger vorgenommen wird als bei den kleinen. Daneben dürfte aber auch die relativ geringe Teilbarkeit von Investitionsgütern dazu führen, daß das Anlagevermögen bei den kleineren Großhandelsunternehmen einen höheren Anteil an der Bilanzsumme ausmacht[2] (vgl. Tab. II/5).

Tab. II/5

Durchschnittliche Vermögensstruktur im Großhandel
nach Umsatzgrößenklassen
Anteil in %

Unternehmensgröße (Jahresumsatz von ... bis unter ... Mill.DM)	Anlagevermögen	Umlaufvermögen
- 5	27	73
5 - 10	24	76
10 - 25	28	72
25 - 50	25	75
50 - 100	20	80
100 und mehr	20	80
Insgesamt	22	78

Quelle: Erhebungen des Ifo-Instituts für Wirtschaftsforschung 1985.

---

[2] Vgl. dazu Schmidt, Reinhart: Die Bedeutung von Unteilbarkeiten für mittelständische Unternehmen, in: Albach, Horst / Held, Thomas (Hrsg.): Betriebswirtschaftslehre mittelständischer Unternehmen, Stuttgart 1984, S. 182 ff.

3. Kapitalstruktur

Nach der Herkunft des in der Bilanz ausgewiesenen Kapitals unterscheidet man in Eigen- und Fremdkapital. Unter Eigenkapital werden jene Mittel verstanden, die von den Eigentümern aufgebracht werden und dem Unternehmen unbefristet zur Verfügung stehen. Das Privatvermögen der Inhaber von Einzelfirmen sowie der persönlich haftenden Gesellschafter einer OHG oder KG wird nicht unter das Unternehmenskapital subsumiert. Dem Eigenkapital kommt im wesentlichen die Aufgabe zu, betriebliche Verluste, die bei allen Vermögenspositionen auftreten können, zu finanzieren. Das Eigenkapital stellt somit auch einen Schutz für die Fremdkapitalgeber dar.[3]

Bei der Fremdfinanzierung besteht ein Schuldner- bzw. Gläubigerverhältnis. Die Inanspruchnahme von Fremdkapital ist in der Regel befristet. Das Unternehmen garantiert dem Fremdkapitalgeber eine fristgebundene und meist gewinnunabhängige Rückzahlung und Verzinsung.

Hinsichtlich der Beschaffung von Eigenkapital unterscheidet man im wesentlichen die Selbstfinanzierung und die Beteiligungsfinanzierung. Die Selbstfinanzierung erfolgt aus dem Betriebs- und Umsatzprozeß heraus, also aus Gewinnen, Abschreibungen und – soweit im Großhandel üblich – Zuführungen zu den Rücklagen. Die Beteiligungsfinanzierung ist dadurch gekennzeichnet, daß das aufgebrachte Eigenkapital – vom Unternehmen aus gesehen – „von außen" beschafft wird. Dabei ergeben sich für die einzelnen Rechtsformen unterschiedliche Möglichkeiten der Kapitalaufbringung.[4]

Innerhalb des Fremdkapitals wird nach der Herkunft unterschieden in Kapital aus Gläubigerhand (z. B. Anzahlung von Kunden, Bankkredit) und vom Unternehmen selbst gebildetes Fremdkapital (z. B. Rückstellungen). Dabei kommt den Pensionsrückstellungen unter Finanzierungsaspekten besondere Bedeutung zu, da ein bestimmter wertmäßiger Bestand zu Finanzierungszwecken ständig zur Verfügung steht.

Die Unterschiede zwischen Eigenkapital und Fremdkapital verwischen sich in verschiedenen Finanzierungsformen. Ohne hier ausführlicher auf die verschiedenen Spielarten eingehen zu können, sei als Beispiel das partiarische Darlehen genannt, das Fremdkapital darstellt, dessen Verzinsung jedoch von der Höhe des erzielten Gewinns abhängig ist.

---

[3] Vgl. Schmidt, Karl Gerhard: Die Funktionen des Eigenkapitals aus der Sicht der Unternehmungen und der Banken, in: Wossidlo, Peter Rüdiger (Hrsg.): Die Finanzierung mittelständischer Unternehmen in Deutschland, Berlin 1985, S. 134 ff., sowie Wossidlo, Peter Rüdiger: Zur Versorgung des Mittelstandes mit Risikokapital, Manuskript eines Vortrags auf dem Informationsforum „Risikokapital für Wachstum und Innovation" in Nürnberg am 7. 5. 1984, S. 10.

[4] Siehe hierzu Wöhe, Günter / Bilstein, Jürgen: Grundzüge der Unternehmensfinanzierung, 3. Auflage, Saarbrücken 1984, S. 36 ff.

Zum Zwecke einer übersichtlichen Darstellung der Bilanzpassiva wurden Quotienten zwischen Eigenkapital und Bilanzsumme sowie Fremdkapital und Bilanzsumme gebildet. Diese Kennzahlen sind allerdings bei Vorhandensein stiller Rücklagen verzerrt. Die Fremdkapitalquote ist in diesem Falle, da die Vermögenswerte um die stillen Rücklagen zu niedrig ausgewiesen sind, zu hoch, die Eigenkapitalquote entsprechend zu niedrig.

Tab. II/6

Durchschnittliche Kapitalstruktur im Großhandel
nach ausgewählten Fachzweigen
Anteil in %

Fachzweig	Eigenkapital	Fremdkapital
Baustoffe	20	80
Holz	32	68
Sanitärmaterial	23	77
Werkzeuge, Maschinen	15	85
Papier, Pappe	27	73
Chemikalien	21	79
Nahrungs- und Genußmittel	29	71
Textilien, Bekleidung, Lederwaren, Schuhe	21	79
Rundfunk-, Fernseh-, Phonogeräte, Elektrogeräte	23	77
Papier, Schreibwaren, Bürobedarf	30	70
Insgesamt	23	77

Quelle: Erhebungen des Ifo-Instituts für Wirtschaftsforschung 1985.

Den Erhebungen des Ifo-Instituts zufolge ergab sich im Durchschnitt des Großhandels für das Jahr 1984 eine Eigenkapitalquote von 23 % und entsprechend ein Anteil des Fremdkapitals an der Bilanzsumme von 77 %.[5]

Nach Fachzweigen zeigen sich erhebliche Abweichungen von diesem Durchschnitt. Die höchste Eigenkapitalquote aller untersuchten Fachzweige hat der Holzgroßhandel mit 32 %. Nahezu ebenso hoch ist der Anteil des Eigenkapitals im Großhandel mit Papier, Schreibwaren und Bürobedarf. Wesentlich kleiner als im Durchschnitt des Großhandels ist die Eigenkapitalquote demgegenüber vor allem im Großhandel mit Werkzeugen und Maschinen (15 %). Deutlich unter dem Durchschnitt liegt sie auch im Handel mit Sanitärmaterial (20 %) und im Baustoffhandel (20 %) (vgl. Tab. II/6).

Nach Umsatzgrößenklassen zeigt sich, daß die kleinen und mittleren Unternehmen bis 50 Mio. DM Jahresumsatz die höchsten, die Unternehmen mit einem Umsatz von über 50 Mio. DM die niedrigsten Eigenkapitalquoten aufweisen. Zwischen der Größe der Unternehmen und der Höhe des Eigenkapitalanteils besteht also in der Tendenz ein negativer Zusammenhang, d. h. je größer das Unternehmen, desto geringer ist im Durchschnitt die Eigenkapitalquote (vgl. Tab. II/7).

Tab. II/7

Durchschnittliche Kapitalstruktur im Großhandel
nach Umsatzgrößenklassen
Anteil in %

Unternehmensgröße (Jahresumsatz von ... bis unter ...Mill. DM)	Eigenkapital	Fremdkapital
- 5	27	73
5 - 10	28	72
10 - 25	26	74
25 - 50	31	69
50 - 100	21	79
100 und mehr	19	81
Insgesamt	23	77

Quelle: Erhebungen des Ifo-Instituts für Wirtschaftsforschung 1985.

---

5 Eigenkapitalquote = $\frac{\text{Berichtigte Eigenmittel}}{\text{Bereinigte Bilanzsumme}} \times 100$

Berichtigte Eigenmittel = Eigenkapital, ohne Berichtigungsposten wie etwa aktivierte Verluste, Verlustvorträge, ausstehende Einlagen, eigene Aktien und Geschäftsanteile im Wertpapierbestand, Forderungen und Darlehen an Gesellschafter, Disagio
+ Rücklagen, einschl. Sonderposten mit Rücklageanteil und Gewinnvorträge;

Bereinigte Bilanzsumme = Bilanzsumme, ohne Berichtigungsposten zum Eigenkapital und Wertberichtigungen.

4. Finanzstruktur

Die bisherigen Betrachtungen zur Darstellung der Finanzierungssituation im Großhandel haben sich auf die vertikalen Beziehungen innerhalb der Bilanz beschränkt. Mit Hilfe von horizontalen Relationen zwischen einzelnen Vermögens- und Kapitalpositionen soll der Frage nachgegangen werden, wie bestimmte Teile des Kapitals bestimmten Vermögensteilen entsprechen. Unter rationalen Gesichtspunkten ist davon auszugehen, daß langfristig nutzbare Vermögensbestandteile auch durch langfristig verfügbare Mittel finanziert werden sollten und entsprechend Vermögensbestandteile, die sich relativ rasch umschlagen, auch durch kurzfristig fällige Verbindlichkeiten finanziert werden können. Dahinter verbirgt sich der Gedanke, daß bei langer Verweildauer des Vermögens die Anpassungsfähigkeit des Unternehmens relativ gering ist. Das Verlustrisiko ist in diesem Fall vergleichsweise hoch, da Anlagen durch wirtschaftliche Umstände an Wert verlieren können und die Informationsgrundlage über zukünftige Wertveränderungen mit wachsendem Zeitabstand unzuverlässiger wird. Dabei ist allerdings zu berücksichtigen, daß eine genaue Zurechnung einzelner Finanzierungssegmente zu den Posten der Bilanzaktiva nicht möglich ist. Es handelt sich bei den entsprechenden Kennzahlen um den Ausdruck rein rechnerischer Beziehungen.

Die Bildung von Quotienten dient der Absicht, Anhaltspunkte für die Beurteilung der Finanzierungssituation der Großhandelsunternehmen unter dem Gesichtspunkt der Fristenkongruenz von Vermögens- und Kapitalpositionen zu gewinnen. Ein abschließendes Urteil über die Finanzierungssituation ist jedoch allein aufgrund bestimmter Bilanzrelationen nicht möglich. Das liegt zum einen daran, daß bestimmte Informationen, wie Kreditgrenzen und Laufzeiten von Krediten, aus der Bilanz nicht ersichtlich sind, zum anderen aber auch daran, daß es sich bei den Zahlen in der Bilanz um Bestandszahlen zu einem bestimmten Zeitpunkt handelt, die von den Werten, die während des Jahres gegeben sind, mehr oder weniger stark abweichen können.

Für einzelbetriebliche Finanzanalysen, die vor allem dem Aspekt der Aufrechterhaltung der Liquidität, also der Fähigkeit, allen Zahlungsverpflichtungen fristgerecht nachkommen zu können, dienen, müßten noch detailliertere und kurzfristigere (evtl. tägliche) Berechnungen vorgenommen werden. Vom Unternehmen verlangt das Finanzierungsziel „Erhaltung der Liquidität", eine Auswahl der Finanzierungsmittel in der Form vorzunehmen, daß für die Aufrechterhaltung des Betriebsprozesses notwendige Ausgaben zu keinem Zeitpunkt höher sind als die hierfür zur Verfügung stehenden Barmittel und Einnahmen. Im Interesse eines reibungslosen Betriebsablaufs muß sichergestellt sein, daß sich die Vermögensteile im Laufe des Leistungserstellungsprozesses hinsichtlich Umfang und Zeitpunkt genauso verflüssigen lassen, wie es zur Rückzahlung von Schulden und zur Zinszahlung erforderlich ist. Auftretende Liquiditäts-

4. Finanzstruktur

engpässe können durch die Aufnahme neuer Kredite, die Inanspruchnahme bestehender Kreditgrenzen sowie die Kreditprolongation beseitigt werden.

Die Darstellung der laufenden Einzahlungs- und Auszahlungsströme ist für den Großhandel insgesamt nicht möglich. Um die Liquiditätssituation dennoch größenordnungsmäßig mit Hilfe von Bilanzen darstellen zu können, werden üblicherweise Liquiditätsgrade aus den Bilanzen ermittelt. Diese zeigen an, inwieweit kurzfristige Verbindlichkeiten durch liquide oder leicht liquidierbare Vermögensteile gedeckt sind.

Aus der Ifo-Befragung lassen sich hinsichtlich der Finanzierungssituation im Großhandel folgende Ergebnisse ableiten: Das Anlagevermögen ist im Durchschnitt des Großhandels durch das verfügbare Eigenkapital (einschließlich Rücklagen und Gewinnvortrag) gedeckt (vgl. Abb. II/1). Die Anlagendeckung durch Eigenkapital beträgt 1,05.

Abb. II/1

Vermögens- und Kapitalstruktur im Großhandel
im Jahre 1984

Aktiva		Passiva	
Anlagevermögen	22 %	Eigenkapital	23 %
		Langfristiges Fremdkapital	16 %
Umlaufvermögen	78 %	Kurzfristiges Fremdkapital	52 %
		Sonstige Passiva	9 %

Quelle: Erhebungen des Ifo-Instituts für Wirtschaftsforschung 1985.

Stellt man dem Anlagevermögen alle langfristig verfügbaren Mittel, neben dem Eigenkapital also auch die langfristigen Kredite, gegenüber, so erhöht sich die Anlagendeckung auf 1,8. Damit ist die „Goldene Bilanzregel", nach der das Anlagevermögen durch langfristiges Kapital gedeckt sein soll, die Anlagendeckung also einen Wert von mindestens 1,0 aufweisen soll, im Durchschnitt des Großhandels weit mehr als erfüllt. Es ist allerdings zu berücksichtigen, daß selbst langfristig verfügbare Fremdmittel ein Defizit an Eigenkapital nicht ausgleichen können.[6]

Auch der Liquiditätsgrad, der die Fähigkeit der Unternehmen zeigt, aus den leicht liquidierbaren Vermögensposten der Bilanz die ausgewiesenen kurzfristigen Verbindlichkeiten zu befriedigen, weist für den Großhandel einen günstigen Wert auf. Das Umlaufvermögen übersteigt die kurzfristigen Verbindlichkeiten im Großhandel um durchschnittlich 50 %.

Ein überdurchschnittlicher Anlagendeckungsgrad durch Eigenkapital, vor allem nach Einbeziehung des langfristigen Fremdkapitals, liegt im Großhandel mit Rundfunk-, Fernseh- und Phonogeräten vor. Hierbei dürfte der in diesem Bereich relativ geringe Anteil des Anlagevermögens eine nicht unwesentliche Rolle spielen. Eine vergleichsweise niedrige Anlagendeckung weist der Großhandel mit Baustoffen auf. Selbst die Anlagendeckung durch das insgesamt verfügbare langfristige Kapital kann im Durchschnitt der Unternehmen dieser Branche den Wert 1 nur knapp erreichen (vgl. Tab. II/8).

Zwischen der Umsatzgröße der Großhandelsunternehmen und der Anlagendeckung durch Eigenkapital zeigt sich kaum ein Zusammenhang. Die Unternehmen in der Größenklasse zwischen 10 und 25 Mio. DM Jahresumsatz weisen im Durchschnitt keine volle Deckung des Anlagevermögens durch Eigenkapital auf. In der Klasse zwischen 25 und 50 Mio. DM wird das Anlagevermögen hingegen durch das Eigenkapital um rd. 20 % überschritten (vgl. Tab. II/9).

Die Anlagendeckung durch langfristiges Kapital wird mit zunehmender Unternehmensgröße im Großhandel tendenziell geringer. Vor allem bei den kleineren Unternehmen mit einem Jahresumsatz von weniger als 10 Mio. DM übertreffen die langfristig zur Verfügung stehenden Mittel das Anlagevermögen im Durchschnitt um mehr als das Doppelte. Weit weniger hoch ist hingegen der Anlagendeckungsgrad bei den größeren Unternehmen mit einem Umsatz von 100 Mio. DM und mehr. In dieser Größenklasse übertrifft das langfristige Kapital den Wert des Anlagevermögens aber immer noch um 55 %. Damit liegt der Deckungsgrad in dieser Größenklasse allerdings deutlich unter dem Durchschnitt des gesamten Großhandels.

Die hohe Deckungsquote bei den kleinen Unternehmen ist wohl zum einen auf ein besonders vorsichtiges Finanzierungsverhalten, zum anderen aber auch

---

6 Vgl. Deutsches Institut für Wirtschaftsforschung, Wochenbericht 8/86, S. 101.

Tab. II/8

Durchschnittliche Anlagedeckungsgrade und
Liquiditätsgrad im Großhandel
nach ausgewählten Fachzweigen

Fachzweig	Anlagedeckung durch Eigenkapital	Anlagedeckung durch langfristiges Kapital	Liquiditätsgrad
Baustoffe	0,9	1,0	1,4
Holz	1,1	1,8	1,7
Sanitärmaterial	0,9	1,7	1,6
Werkzeuge, Maschinen	0,9	1,6	1,3
Papier, Pappe	1,4	2,0	1,6
Chemikalien	0,8	1,3	1,4
Nahrungs- und Genußmittel	1,3	1,6	1,3
Textilien, Bekleidung, Lederwaren, Schuhe	1,0	1,0	1,4
Rundfunk-, Fernseh-, Phonogeräte, Elektrogeräte	1,9	3,0	1,6
Papier, Schreibwaren, Bürobedarf	1,0	1,7	1,7
Insgesamt	1,1	1,8	1,5

Quelle: Erhebungen des Ifo-Instituts für Wirtschaftsforschung 1985.

darauf zurückzuführen, daß in diesen Unternehmen die Finanzplanung und -kontrolle zum Teil noch recht mangelhaft ist. Außerdem spielen hier auch größen- bzw. rechtsformenbedingte Unterschiede bei der Beschaffung von Eigen- und Fremdkapital eine Rolle. Vor allem die großen Unternehmen haben häufig günstigere Möglichkeiten der kurzfristigen Finanzmittelbeschaffung, so daß sie vorübergehende Liquiditätsengpässe leichter überbrücken können. Dadurch ist es möglich, die „Vorhaltung" teuren langfristig verfügbaren Kapitals knapper zu betreiben.

Auf eine im Vergleich zum Umlaufvermögen relativ stärkere Inanspruchnahme kurzfristiger Mittel durch die großen Unternehmen des Großhandels weist das Profil des Liquiditätsgrades nach Umsatzgrößenklassen hin. Die Unternehmen mit weniger als 5 Mio. DM Jahresumsatz haben im Durchschnitt einen Liquiditätsgrad[7] in Höhe von 1,8, d. h., das kurzfristig liquidierbare Vermögen übersteigt die kurzfristig fälligen Verbindlichkeiten um 80 %. Diese Liquiditätsreserven fallen bei den großen Unternehmen weit weniger deutlich aus. Den niedrigsten Liquiditätsgrad haben mit 1,3 die Großhandelsunternehmen mit mehr als 100 Mio. DM Jahresumsatz.

Tab. II/9

Durchschnittliche Anlagedeckungsgrade und Liquiditätsgrad im Großhandel nach Umsatzgrößenklassen

Unternehmensgröße (Jahresumsatz von ... bis unter...Mill. DM)	Anlagedeckung durch Eigenkapital	Anlagedeckung durch langfristiges Kapital	Liquiditätsgrad
- 5	1,0	2,0	1,8
5 - 10	1,2	2,1	1,8
10 - 25	0,9	1,8	1,7
25 - 50	1,2	1,9	1,7
50 - 100	1,1	1,9	1,5
100 und mehr	1,0	1,6	1,3
Insgesamt	**1,1**	**1,8**	**1,5**

Quelle: Erhebungen des Ifo-Instituts für Wirtschaftsforschung 1985.

---

[7] Liquiditätsgrad = $\dfrac{\text{Umlaufvermögen}}{\text{kurzfristige Verbindlichkeiten}}$

III. Veränderung der Finanzierungsverhältnisse

Tendenzielle Aussagen über die Entwicklung der Kapitalumschlagshäufigkeit bzw. der Kapitalumschlagsdauer lassen sich aus dem Vergleich der Ergebnisse der Ifo-Befragungen für 1968 und 1984 machen. Es zeigt sich, daß die Umschlagshäufigkeit des Gesamtkapitals von 3,1 im Jahre 1968 auf 3,5 im Jahre 1984 gestiegen ist. Die Umschlagshäufigkeit hat sich in diesem Zeitraum also um 13 % erhöht. Entsprechend verminderte sich die Kapitalumschlagsdauer von 3,9 auf 3,5 Monate. Der Kapitalbedarf je Umsatzeinheit wurde somit im Betrachtungszeitraum leicht reduziert. Anders ausgedrückt: Es hat eine geringfügige Steigerung der Kapitalproduktivität stattgefunden.

Diese aus den Ifo-Erhebungen erkennbare Entwicklungstendenz wird allerdings durch Berechnungen anhand der Statistiken der Deutschen Bundesbank nicht bestätigt. Nach diesen Daten wies die Umschlagshäufigkeit des Gesamtkapitals im Großhandel 1983 mit 2,9 etwa den gleichen Wert auf wie 1968. Dementsprechend blieb auch die Kapitalumschlagsdauer bei 4,1 Monaten. Dieses von den Ifo-Erhebungen abweichende Ergebnis ist darauf zurückzuführen, daß infolge der Hochrechnung, die die Deutsche Bundesbank mit Hilfe der Umsatzsteuerstatistik vornimmt, kleinen Unternehmen des Großhandels, die eine relativ ungünstige Entwicklung der Umschlagshäufigkeit aufweisen, eine – gemessen an den Ergebnissen der Ifo-Befragung – zu hohe Bedeutung zukommt.

Der Bundesbankstatistik zufolge haben sich auch im Einzelhandel Kapitalumschlagshäufigkeit und Kapitalumschlagsdauer zwischen 1968 und 1983 nicht wesentlich verändert. Für das Verarbeitende Gewerbe ergab sich hingegen eine deutliche Verringerung der Kapitalumschlagsdauer. Im Jahre 1983 waren hier 7,5 Monate erforderlich, um den Betrag des eingesetzten Kapitals über die Umsätze zu „verflüssigen", im Jahre 1968 hatte dieser Umschlagsprozeß noch 8,6 Monate gedauert. Den Unternehmen im Verarbeitenden Gewerbe ist somit – wenn auch nach Branchen und Umsatzgrößen recht unterschiedlich – insgesamt ein Abbau des Kapitalbedarfs je Umsatzeinheit, also eine Steigerung der Kapitalproduktivität, gelungen.

Ein Vergleich der Entwicklung des Kapitalumschlags nach Fachzweigen ist aufgrund unterschiedlicher Branchenerfassung in den Ifo-Erhebungen 1969 und 1985 nicht möglich. Da in den beiden Erhebungen auch unterschiedliche Umsatzgrößenklassen gebildet worden sind, läßt sich die Entwicklung der Umschlagshäufigkeit auch nach Größenklassen nicht aufzeigen.

III. Veränderung der Finanzierungsverhältnisse

Nach Daten der Kreditanstalt für Wiederaufbau blieb die Kapitalumschlagshäufigkeit der kleinen Unternehmen im Zeitraum 1978 bis 1983 weitgehend unverändert. Die mittleren Großhandelsfirmen wiesen nach diesen Daten eine zum Teil erhebliche Zunahme der Kapitalumschlagshäufigkeit auf. Vor allem bei den Unternehmen mit einem Jahresumsatz von mehr als 50 Mio. DM war die Umschlagshäufigkeit 1983 mit 2,9 deutlich niedriger als die entsprechende Meßziffer für 1978 (3,7). Die starken Schwankungen im Zeitablauf weisen für diese Größenklasse allerdings auf eine mangelhafte Repräsentanz sowie auf Auswirkungen von Sondereinflüssen hin. Bemerkenswert ist, daß das Kapital von den großen Unternehmen in allen Jahren häufiger umgeschlagen wurde als bei kleinen. Dieses Ergebnis haben für 1984 auch die Erhebungen des Ifo-Instituts erbracht (vgl. Tab. III/1).

Tab. III/1

Entwicklung der Umschlagshäufigkeit[a] im Großhandel
nach Umsatzgrößenklassen
im Zeitraum 1978 bis 1983

Unternehmensgröße (Jahresumsatz von... bis unter ...Mill.DM)	1978	1979	1980	1981	1982	1983
- 2	2,4	2,2	2,3	2,4	2,3	2,5
2 - 5	2,5	2,5	2,6	2,7	2,7	2,6
5 - 10	2,3	2,5	2,5	2,5	2,6	2,6
10 - 25	2,5	2,6	2,9	2,9	2,8	3,0
25 - 50	2,9	3,0	2,9	2,6	2,9	2,8
50 und mehr	3,7	3,4	3,7	4,0	3,1	2,9
Insgesamt	**2,8**	**2,9**	**3,1**	**3,1**	**2,9**	**2,8**

a) Umsatz dividiert durch Bilanzsumme.

Quelle: Kreditanstalt für Wiederaufbau und Berechnungen des Ifo-Instituts für Wirtschaftsforschung.

Die Vermögensstruktur des Großhandels hat sich nach den Ifo-Erhebungen zwischen 1968 und 1984 nicht wesentlich verändert. Der Anteil des Anlagevermögens an der Bilanzsumme wurde für 1968 mit 25 % ermittelt, für 1984 mit 22 %. Es ist also nur eine leichte Abnahme erfolgt. Der Anteil des Umlaufvermögens hat sich dementsprechend geringfügig erhöht, und zwar von 75 auf 78 %.

III. Veränderung der Finanzierungsverhältnisse

Diese Entwicklungstendenzen ergeben sich auch aus der Statistik der Deutschen Bundesbank. Danach hat sich der Anteil des Anlagevermögens an der Bilanzsumme nach Wertberichtigungen und der Berichtigung des Eigenkapitals von 23,2 % (1968) auf 18,5 % (1983) verringert, die Bedeutung des Umlaufvermögens entsprechend erhöht. Auch den Daten der Kreditanstalt für Wiederaufbau zufolge lag der Anteil des Sachanlagevermögens an der Bilanzsumme 1983 etwas niedriger als 1978. Im Zeitablauf ist jedoch keine eindeutige Entwicklungsrichtung erkennbar. Nach Umsatzgrößenklassen zeigt sich für die Unternehmen mit einem Jahresumsatz bis zu 10 Mio. DM eine zunehmende, für Unternehmen mit einem Jahresumsatz von mehr als 10 Mio. DM eine abnehmende Bedeutung des Sachanlagevermögens in Relation zur Bilanzsumme (vgl. Tab. III/2).

Tab. III/2

Entwicklung des Anlagevermögens im Großhandel
nach Umsatzgrößenklassen
im Zeitraum 1978 bis 1983
in % der Bilanzsumme

Unternehmensgröße (Jahresumsatz von ... bis unter...Mill. DM)	1978	1979	1980	1981	1982	1983
- 2	33,0	34,5	33,8	32,6	32,4	33,9
2 - 5	30,3	29,9	31,0	29,0	31,0	31,5
5 - 10	25,1	26,4	24,3	23,7	27,6	28,5
10 - 25	24,5	24,6	25,0	25,8	24,8	23,9
25 - 50	23,0	23,5	24,7	22,7	23,8	19,8
50 und mehr	21,9	19,5	21,3	24,3	24,1	21,7
Insgesamt	24,3	23,5	24,1	24,8	25,4	23,4

Quelle: Kreditanstalt für Wiederaufbau und Berechnungen des Ifo-Instituts für Wirtschaftsforschung.

Wesentlich stärker als die Änderung in der Vermögensstruktur ist die Verschiebung der Kapitalstruktur im Großhandel ausgefallen. Nach den Ifo-Erhebungen ergab sich für 1984 mit 23 % eine erheblich niedrigere Eigenkapitalquote als für 1968 (32 %).[1] Diese Verringerung des Eigenkapitalanteils wird

---

[1] Zwischen der Veränderung der Eigenkapitalausstattung und der Insolvenzgefährdung wird ein signifikanter Zusammenhang gesehen. Vgl. dazu Albach, Horst u. a.: Zur Versorgung der deutschen Wirtschaft mit Risikokapital, ifm-materialien, Nr. 9, Bonn 1983, S. 48 f.

durch die Angaben der Deutschen Bundesbank bestätigt, wenngleich sie hiernach auf einem wesentlich niedrigeren Niveau verläuft. Berechnungen anhand der Bundesbankstatistik zeigen einen Rückgang der Eigenkapitalquote im Großhandel von 23,4 % (1968) auf 13,8 % (1983) an.[2]

Das haftende Eigenkapital hat sich – nach Angaben der Kreditanstalt für Wiederaufbau – von 18,8 % im Jahre 1978 auf 17,1 % im Jahre 1983 verringert. Dabei sind für den Großhandel insgesamt, wie in den einzelnen Umsatzgrößenklassen, starke Schwankungen im Zeitablauf aufgetreten (vgl. Tab. III/3).

Tab. III/3

Entwicklung des Eigenkapitals im Großhandel
nach Umsatzgrößenklassen
im Zeitraum 1978 bis 1983
in % der Bilanzsumme

Unternehmensgröße (Jahresumsatz von ... bis unter ...Mill.DM)	1978	1979	1980	1981	1982	1983
- 2	23,9	23,8	23,1	22,8	21,7	22,3
2 - 5	24,4	23,2	22,9	22,9	21,0	19,5
5 - 10	21,2	20,3	21,0	20,2	19,3	18,4
10 - 25	17,2	15,0	16,0	17,2	17,5	16,9
25 - 50	16,1	16,4	17,4	16,4	18,5	16,6
50 und mehr	19,8	17,3	16,0	16,8	18,1	16,5
Insgesamt	18,8	17,5	17,6	17,9	18,5	17,1

Quelle: Kreditanstalt für Wiederaufbau und Berechnungen des Ifo-Instituts für Wirtschaftsforschung.

Der insgesamt stärkste Rückgang des Eigenkapitals in Relation zur Bilanzsumme wurde von der Kreditanstalt für Wiederaufbau für die Unternehmen mit einer Umsatzgröße von 2 bis 5 Mio. DM festgestellt. Das sind jene Unternehmen, die 1978 mit durchschnittlich 24,4 % die höchste Quote hatten. Eine leichte Zunahme wurde hingegen bei den Unternehmen mit Umsätzen von 25

---

[2] Die Bundesbank weist darauf hin, daß ein großer Teil der erfaßten Unternehmen ein negatives Kapital ausweist, also in der Bilanz mehr Schulden als Vermögen verbucht hat. Damit waren diese Unternehmen aber dennoch nicht konkursgefährdet, da häufig Privatvermögen für die Verbindlichkeiten des Unternehmens haftet. Vgl. Schlesinger, Helmut: Bei den öffentlichen Haushalten Konsolidierungskurs beibehalten, in: Handelsblatt vom 25./26. 10. 1985.

III. Veränderung der Finanzierungsverhältnisse

bis 50 Mio. DM, also in jener Umsatzgrößenklasse registriert, die 1978 die niedrigste Quote aufwies. Die Abweichung der Werte der einzelnen Umsatzgrößenklassen vom Durchschnittswert war 1983 wesentlich geringer als 1978. Die Annäherung der Kapitalquoten der verschiedenen Umsatzgrößenklassen im Großhandel ist vermutlich darauf zurückzuführen, daß Unternehmen mit einer hohen Eigenkapitalquote diesem Kriterium für die Bonitätsprüfung im Zeitablauf eine immer geringere Bedeutung beigemessen haben, indem sie verstärkt auf Fremdmittel zurückgegriffen oder Eigenmittel entnommen haben. Diejenigen Unternehmen hingegen, die schon 1978 eine niedrigere Eigenkapitalquote aufwiesen, haben diesem Aspekt offensichtlich zunehmende Aufmerksamkeit geschenkt, zum Teil konsolidiert, zum Teil aber auch die Innenfinanzierung forciert.[3]

Vor allem der starke Rückgang der Eigenkapitalquote bei den Unternehmen mit weniger als 10 Mio. DM Jahresumsatz dürfte durch vermehrte Aufnahme langfristigen Fremdkapitals kompensiert bzw. hierdurch ausgelöst worden sein. Der Anteil des langfristigen Fremdkapitals an der Bilanzsumme in diesem Größenbereich hat jedenfalls überdurchschnittlich zugenommen (vgl. Tab. III/4).

Tab. III/4

Entwicklung des langfristigen Fremdkapitals im Großhandel
nach Umsatzgrößenklassen
im Zeitraum 1978 bis 1983
in % der Bilanzsumme

Unternehmensgröße (Jahresumsatz von ... bis unter ...Mill. DM)	1978	1979	1980	1981	1982	1983
- 2	26,0	22,9	23,6	24,3	26,9	29,0
2 - 5	21,6	18,8	21,5	22,4	22,6	25,3
5 - 10	17,9	17,7	16,7	18,4	21,3	22,6
10 - 25	16,7	16,4	16,2	16,7	17,9	17,1
25 - 50	15,5	14,9	15,4	14,2	15,1	14,8
50 und mehr	11,4	11,9	13,1	12,0	12,4	12,1
Insgesamt	16,0	15,0	15,6	15,7	16,6	16,1

Quelle: Kreditanstalt für Wiederaufbau und Berechnungen des Ifo-Instituts für Wirtschaftsforschung.

---

[3] Vgl. hierzu auch Irsch, Norbert / Zimmermann-Trapp, Astrid: Die Eigenkapitalausstattung und Investitionstätigkeit der Unternehmen in der Bundesrepublik Deutschland, in: Wirtschaftswissenschaftliches Studium, Heft 6, Juni 1986, S. 317.

Darüber hinaus trägt zu einer rechnerischen Verringerung der Eigenkapitalquote – unter bilanztechnischer Sicht – im Zeitablauf die „Verlängerung" der Bilanzen im Großhandel durch eine Erhöhung der Forderungen und Verbindlichkeiten sowie die Zunahme der Sonderfinanzierungsmöglichkeiten, wie z. B. Pensionsrückstellungen und Sonderposten mit Rücklageanteil, die überwiegend aus steuerlichen Erwägungen gebildet werden, bei.[4]

Der Rückgang der Eigenkapitalquote wirkte sich bei nur geringfügig veränderter Vermögensstruktur auch auf die Finanzstruktur des Großhandels aus. Die Anlagendeckung durch Eigenkapital hat sich von 1,3 im Jahre 1968 auf 1,1 im Jahre 1984 vermindert. Auch hier weisen die Berechnungen darauf hin, daß die nicht mehr so starke Überdeckung des Anlagevermögens durch Eigenkapital durch zusätzliche Aufnahme von längerfristigem Fremdkapital nahezu ausgeglichen worden ist. Die Anlagendeckungsquote durch langfristiges Kapital (Eigenkapital zuzüglich langfristiges Fremdkapital) war 1984 mit 1,8 ebenso hoch wie 1968.[5]

Tab. III/5

Entwicklung der Anlagendeckung durch langfristiges Kapital im Großhandel
nach Umsatzgrößenklassen
im Zeitraum 1978 bis 1983
in %

Unternehmensgröße (Jahresumsatz von ... bis unter ...Mill. DM)	1978	1979	1980	1981	1982	1983
- 2	159	141	141	144	154	161
2 - 5	159	151	155	166	152	154
5 - 10	167	160	168	174	167	159
10 - 25	161	160	160	163	168	166
25 - 50	171	150	148	157	173	179
50 und mehr	167	161	144	143	151	160
Insgesamt	165	157	153	157	162	164

Quelle: Kreditanstalt für Wiederaufbau und Berechnungen des Ifo-Instituts für Wirtschaftsforschung.

---

[4] Arnold, Wolfgang: Zur Diskussion über die Struktur der mittelständischen Eigenkapitalnachfrage, in: Wossidlo, Peter Rüdiger (Hrsg.): Die Finanzierung mittelständischer Unternehmungen in Deutschland, Berlin 1985, S. 164 ff.

[5] Vgl. Cassier, Siegfried C.: Die spezifischen Finanzierungsmöglichkeiten der mittelständischen Unternehmen, in: Wossidlo, Peter Rüdiger (Hrsg.): Die Finanzierung mittelständischer Unternehmen in Deutschland, Berlin 1985, S. 298 ff., insbesondere S. 304 ff.

III. Veränderung der Finanzierungsverhältnisse

Diesen Zusammenhang bestätigen auch die Daten der Kreditanstalt für Wiederaufbau. Danach konnte im Großhandel der Rückgang der Anlagendeckung durch Eigenkapital durch die Aufnahme von längerfristig verfügbarem Fremdkapital allerdings nicht voll ausgeglichen werden. Die Anlagendeckung durch langfristiges Kapital weist zwischen 1978 und 1983 insgesamt einen leichten Rückgang auf (vgl. Tab. III/5).

Im Laufe der zurückliegenden Jahre mußte mehr Umlaufvermögen durch kurzfristiges Fremdkapital finanziert werden. Dadurch sank tendenziell die Liquidität, also die Fähigkeit des Großhandels, kurzfristige Verbindlichkeiten mit relativ leicht liquidierbaren Vermögensteilen ausgleichen zu können. Das zeigt sich vor allem bei den kleinen Unternehmen mit weniger als 5 Mio. DM Jahresumsatz und den größeren Unternehmen mit mehr als 25 Mio. DM Jahresumsatz. In der Umsatzgrößenklasse zwischen 5 und 10 Mio. DM hingegen hat sich die Liquidität, die 1978 einen auffallend ungünstigen Wert aufwies, bis 1983 deutlich verbessert. Trotzdem war auch 1983 der Liquiditätsgrad der kleinen Unternehmen wesentlich höher als bei den mittleren und großen (vgl. Tab. III/6).

Tab. III/6

Entwicklung der Liquidität[a)] im Großhandel
nach Umsatzgrößenklassen
im Zeitraum 1978 bis 1983
in %

Unternehmensgröße (Jahresumsatz von ... bis unter ...Mill.DM)	1978	1979	1980	1981	1982	1983
- 2	137	121	122	124	130	134
2 - 5	137	128	131	136	130	132
5 - 10	116	119	122	123	135	132
10 - 25	127	126	126	129	130	129
25 - 50	132	120	121	122	133	127
50 und mehr	129	122	117	118	122	124
Insgesamt	128	123	121	124	128	127

a) Umlaufvermögen dividiert durch kurzfristige Fremdmittel.
Quelle: Kreditanstalt für Wiederaufbau und Berechnungen des Ifo-Instituts für Wirtschaftsforschung.

III. Veränderung der Finanzierungsverhältnisse

Neben dem Liquiditätsgrad hat sich auch die Tilgungsfähigkeit[6] des Großhandels in den zurückliegenden Jahren erheblich verschlechtert. Für 1978 ergab sich ein Wert von 16,9 %. Nach einem Rückgang bis 1980 erfolgte in den darauffolgenden drei Jahren wieder ein leichter Anstieg. Mit 14,8 % konnte 1983 die Tilgungsfähigkeit des Großhandels jedoch einen bei weitem nicht mehr so günstigen Wert erreichen wie 1978. Vor allem bei den Unternehmen mit mehr als 25 Mio. DM Jahresumsatz verlief die Entwicklung – insgesamt gesehen – negativ (vgl. Tab. III/7).

Tab. III/7

Entwicklung der Tilgungsfähigkeit[a)] im Großhandel
nach Umsatzgrößenklassen
im Zeitraum 1978 bis 1983
in %

Unternehmensgröße (Jahresumsatz von ... bis unter ...Mill.DM)	1978	1979	1980	1981	1982	1983
- 2	27,4	28,1	27,9	25,6	23,3	28,1
2 - 5	21,9	22,5	22,9	20,5	19,7	21,1
5 - 10	15,8	16,7	16,5	14,5	16,1	17,5
10 - 25	14,9	15,4	14,9	13,7	12,5	13,7
25 - 50	17,0	13,4	12,2	9,9	12,0	12,2
50 und mehr	17,4	13,2	10,8	14,5	15,0	14,4
Insgesamt	16,9	15,2	13,9	14,0	14,5	14,8

a) Anteil des Cash Flow (Jahresüberschuß + Abschreibungen) an den gesamten Fremdmitteln.

Quelle: Kreditanstalt für Wiederaufbau und Berechnungen des Ifo-Instituts für Wirtschaftsforschung.

---

[6] Tilgungsfähigkeit = Anteil des Cash Flow an den gesamten Fremdmitteln.

IV. Finanzierung des Kapitalbedarfs

1. Kapitalbedarf und seine Bestimmungsfaktoren

Jede betriebliche Leistungserstellung erfordert die Bereitstellung von Produktionsfaktoren in einem bestimmten „Mischungsverhältnis". Diese Bereitstellung löst zwangsläufig Kapitalbedarf aus.

Der Kapitalbedarf wird rechnerisch durch die Höhe des Umsatzes und die Kapitalproduktivität nach der Formel Kapitalbedarf = Umsatz : Kapitalumschlag ermittelt. Bei einem Umsatz von beispielsweise 100 DM und einem Umschlag des Kapitals von 4 mal errechnet sich ein Kapitalbedarf von 25 DM. Je mehr es gelingt, den Kapitalumschlag zu erhöhen, desto geringer ist der Kapitalbedarf, der zur Erzielung eines bestimmten Umsatzes erforderlich ist und umgekehrt.

Unmittelbare rechnerische Bestimmungsfaktoren für die Ermittlung des Kapitalbedarfs stellen somit der Umsatz und der Kapitalumschlag als Ausdruck für die Kapitalproduktivität dar. In der betrieblichen Praxis haben letztlich alle unternehmerischen Aktivitäten eine mehr oder weniger starke Auswirkung auf die Höhe des Kapitalbedarfs.

Versucht man, die Einflußfaktoren auf den Umfang des Kapitalbedarfs zu systematisieren, so ist es zweckmäßig, einzelne Faktorenbündel zu bilden. Als solche werden betrachtet: die Veränderung der Leistungsanforderungen von Lieferanten und Abnehmern, die Umsatzentwicklung als Ausdruck für die Inanspruchnahme der Leistungen des Großhandels sowie die Investitionstätigkeit als Indikator für das Leistungspotential. Die einzelnen Faktorenbündel stehen nicht immer in einem direkten Wirkungsverhältnis zum Kapitalbedarf, vielmehr gibt es zwischen diesen Größen häufig gegenseitige Beeinflussungen. Da sich die Auswirkungen bestimmter Veränderungen oft nicht eindeutig nachweisen lassen und auch das Ausmaß dieser Einflüsse auf den Kapitalbedarf des Großhandels nicht exakt bestimmbar ist, stößt die Darstellung und Analyse dieses komplexen, von Interdependenzen gekennzeichneten Beziehungsgefüges auf Grenzen.

Im Großhandel, aber auch bei seinen Lieferanten und Abnehmern, hat sich in den zurückliegenden Jahren zum Teil ein erheblicher Konzentrationsprozeß vollzogen. Dieser blieb nicht ohne Wirkung auf die Struktur des Großhandels. Die Zahl der kleinen Großhandelsunternehmen war stark rückläufig, die großen

Unternehmen haben hingegen aufgrund internen und externen Wachstums an Zahl und Umsatzbedeutung zugenommen.

Die Strukturveränderungen im Großhandel, aber auch bei den Lieferanten, hatten Auswirkungen auf die Verteilung und Wahrnehmung von Funktionen und Aufgaben der Marktpartner. Im Großhandel haben generell Service- und Marketingaufgaben größeres Gewicht erlangt. Bestellweise und Lieferrhythmus haben sich ebenfalls teilweise erheblich verändert.

Nach einer Erhebung des Ifo-Instituts im Jahre 1982 haben die Anforderungen der Lieferanten an den Großhandel erheblich zugenommen.[1] Dies vor allem hinsichtlich Lagerhaltung, Verkaufsförderung, Marktpflege, Markterschließung und -bearbeitung sowie Sortimentsbildung (vgl. Tab. IV/1-4).

Ebenso wie von seiten der Lieferanten sind die Leistungsanforderungen von seiten der Abnehmer des Großhandels gestiegen. Nahezu 90 % der befragten Großhandelsfirmen gaben an, einen Anstieg der Leistungsanforderungen von seiten der Abnehmer zu registrieren. Die erheblichen Anforderungen der Abnehmer beziehen sich vor allem auf Einkaufskonditionen, Lieferbereitschaft und Lieferschnelligkeit sowie Warenkreditierung.

Der Umfang der Leistungserstellung im Großhandel hat in den zurückliegenden Jahren erheblich zugenommen. So erhöhten sich die nominalen Umsätze von 691,2 Mrd. DM im Jahre 1980 auf 853,9 Mrd. DM im Jahre 1985. Die erhöhten Leistungsanforderungen an den Großhandel strahlen auch auf dessen Kapitalbedarf aus. Es ist davon auszugehen, daß der Großhandel zur Bewältigung des steigenden Leistungsumfangs insgesamt auch mehr Kapital benötigt.

Im Zeitraum 1973 bis 1983 haben sich die Forderungen aus Lieferungen und Leistungen etwas weniger erhöht als die Umsätze. Während die Umsätze in diesem Zeitraum im Durchschnitt pro Jahr um knapp 5,8 % stiegen, erhöhten sich die Forderungen um durchschnittlich 4,8 %. Im Jahre 1983 beliefen sich die Forderungen aus Lieferungen und Leistungen — nach der Statistik der Deutschen Bundesbank — auf rd. 31 % der Bilanzsumme. Im Zusammenhang mit der Absatztätigkeit kommt im Großhandel der Gewährung von Buchkrediten eine erhebliche Bedeutung zu.[2] Durch Kreditierung der Abnehmer wird

---

[1] Vgl. Batzer, Erich u. a.: Die Warendistribution in der Bundesrepublik Deutschland, Schriftenreihe des Ifo-Instituts für Wirtschaftsforschung, Ifo-Studien zu Handels- und Dienstleistungsfragen, Nr. 24, München 1984, S. 52 ff.

[2] Vgl. dazu Hess, Josef: Der Groß- und Außenhandel als Finanzier und Bankier seiner Kunden, Hrsg.: Groß- und Außenhandelsverband Baden-Württemberg, Mannheim 1982; Sundhoff, Edmund: Die Kreditfunktion der Großhandlung, in: Mitteilungen des Instituts für Handelsforschung an der Universität zu Köln, März 1985, S. 42 ff. sowie Arbeitskreis Tacke der Schmalenbach-Gesellschaft — Deutsche Gesellschaft für Betriebswirtschaft e. V.: Geschäftspolitische und organisatorische Aspekte des Kreditmanagements, Teil I: Grundsätzliche Überlegungen zur Kreditpolitik, in: Zeitschrift für betriebswirtschaftliche Forschung, 1981, S. 685 ff.

Tab. IV/1

Veränderung der Anforderungen an den Großhandel von der Lieferantenseite
im Urteil der Großhandelsunternehmen
nach Umsatzgrößenklassen
Firmenanteil in %

Unternehmensgröße (Jahresumsatz von ... bis unter ...Mill.DM)	Die Leistungsanforderungen der Lieferanten an den Großhandel sind insgesamt durch folgende Entwicklungstendenzen gekennzeichnet:						
	erhebliche Zunahme(+)	leichte Zunahme(+)	keine Veränderung(=)	leichte Abnahme(-)	erhebliche Abnahme(-)	kein Urteil(0)	Saldo aus + und -
- 5	12	42	26	6	1	12	+47
5 - 10	15	41	26	9	0	9	+47
10 - 20	19	40	30	4	1	5	+54
20 - 50	22	38	30	3	1	5	+56
50 - 100	11	38	36	4	2	9	+43
100 und mehr	32	32	20	3	1	12	+60
Insgesamt	18	40	28	5	1	8	+52

Quelle: Erhebungen des Ifo-Instituts für Wirtschaftsforschung 1982.

Tab. IV/2

Veränderung der Anforderungen an den Großhandel von der Lieferantenseite hinsichtlich bestimmter Funktionsbereiche und Tätigkeiten des Großhandels im Urteil der Großhandelsunternehmen nach Umsatzgrößenklassen
Firmenanteil in %[a]

Unternehmensgröße (Jahresumsatz von ... bis unter ... Mill.DM)	Bestell-tätigkeit	Lager-haltung	Trans-port	Sorti-ment	Handels-übliche Be- und Verarbei-tung	Kunden-dienst	Verkaufs-förderung und Markt-pflege	Markt-erschlie-ßung und -bear-beitung	Sonstige
- 5	+15	+47	+20	+30	+ 9	+24	+27	+32	+ 4
5 - 10	+15	+43	+15	+36	+12	+34	+47	+41	+ 6
10 - 20	+25	+60	+20	+35	+ 6	+36	+54	+42	+ 6
20 - 50	+24	+57	+19	+39	+ 3	+36	+54	+48	+ 7
50 - 100	+ 9	+50	+ 9	+50	+ 3	+13	+66	+59	+ 6
100 und mehr	+24	+54	+26	+41	+ 9	+35	+65	+39	+ 9
Insgesamt	+21	+52	+19	+37	+ 8	+32	+49	+42	+ 6

a) Mehrfachmeldungen waren möglich. Saldo aus "Zunahme (+)" und "Abnahme (-)".

Quelle: Erhebungen des Ifo-Instituts für Wirtschaftsforschung 1982.

1. Kapitalbedarf und seine Bestimmungsfaktoren 47

Tab. IV/3

Veränderung der Anforderungen an den Großhandel von der Abnehmerseite
im Urteil der Großhandelsunternehmen
nach Umsatzgrößenklassen

Firmenanteil in %

Unternehmensgröße (Jahresumsatz von ... Mill.DM bis unter ... Mill.DM)	Die Leistungsanforderungen der Abnehmer an den Großhandel sind insgesamt durch folgende Entwicklungstendenzen gekennzeichnet:					
	erhebliche Zunahme (+)	leichte Zunahme (+)	keine Veränderung (=)	leichte Abnahme (-)	erhebliche Abnahme (-)	kein Urteil (0)	Saldo aus + und -
- 5	45	38	9	3	1	4	+79
5 - 10	53	37	6	1	-	3	+89
10 - 20	49	40	8	2	-	1	+97
20 - 50	54	35	7	-	1	3	+88
50 - 100	58	31	8	-	-	3	+89
100 und mehr	56	37	4	-	1	1	+92
Insgesamt	52	37	7	1	0	2	+88

Quelle: Erhebungen des Ifo-Instituts für Wirtschaftsforschung 1982.

Tab. IV/4

Veränderung der Anforderungen an den Großhandel von der Abnehmerseite hinsichtlich bestimmter Leistungen des Großhandels im Urteil der Großhandelsunternehmen nach Umsatzgrößenklassen
Firmenanteil in % [a]

Unternehmensgröße (Jahresumsatz von ... bis unter ..Mill.DM)	Preise und Einkaufs- konditionen	Lieferbe- reitschaft und -fähig- keit	Liefer- schnel- ligkeit	Sorti- ment	Kunden- dienst	Beratung und Infor- mation	Verkaufs- förderung	Waren- kredi- tierung	Sonstige
- 5	+73	+63	+78	+36	+35	+38	+16	+65	- 1
5 - 10	+77	+66	+76	+50	+46	+48	+25	+66	+ 3
10 - 20	+83	+67	+68	+48	+42	+52	+24	+65	+ 4
20 - 50	+81	+67	+70	+42	+38	+51	+35	+66	+ 5
50 - 100	+87	+75	+73	+56	+36	+58	+46	+71	+ 6
100 und mehr	+82	+75	+62	+56	+30	+46	+43	+59	0
Insgesamt	+80	+67	+72	+47	+40	+49	+29	+66	+ 3

a) Mehrfachmeldungen waren möglich. Saldo aus "Zunahme (+)" und "Abnahme (-)".

Quelle: Erhebungen des Ifo-Instituts für Wirtschaftsforschung 1982.

den Großhandelsunternehmen Liquidität entzogen und der Kapitalbedarf erhöht. Die Kreditgewährung ist jedoch ein unerläßliches Instrument des Marketing von Großhandelsunternehmen, auf das auch in Zukunft nicht verzichtet werden kann.

Daneben gewährt der Großhandel seinen Abnehmern Boni und Skonti. Im Jahre 1983 beliefen sich die entsprechenden Beträge auf 1,9 % vom Umsatz.[3] Durch die Möglichkeit, Skonto vom Rechnungsbetrag abziehen zu können, wird für die Abnehmer ein Anreiz geschaffen, Verbindlichkeiten möglichst rasch auszugleichen, wodurch sich dann die Liquiditätssituation des Großhandels verbessert und der Kapitalbedarf reduziert. Die Skontogewährung ist meist nach Zahlungsfristen gestaffelt. In vielen Wirtschaftsbereichen sind branchenübliche Zahlungskonditionen gebräuchlich.[4] Durch die Gewährung von Boni versucht der Großhandel, die Abnehmer stärker an sich zu binden und den Absatz zu erhöhen.

Auch durch die Material- und Warenlager wird im Großhandel in erheblichem Umfang Kapital gebunden. Im Jahre 1984 betrug der Anteil der Lagerbestände am Umsatz 7,2 %. In den zurückliegenden Jahren konnte die Lagerquote im Großhandel kontinuierlich reduziert werden, was auf eine effizientere Lagerbewirtschaftung hinweist (vgl. Tab. IV/5).

Ein beträchtlicher Teil der Finanzmittel wird im Großhandel durch die Personalaufwendungen gebunden. Sie stellen einen bedeutenden Kostenfaktor dar. Der Kostenstrukturstatistik von 1980 zufolge entfallen 5,3 % der Gesamtleistung des Großhandels auf die Personalkosten. Bei einer Kostenspanne (ohne Material- und Wareneinsatz) von 11,6 % vom Umsatz bedeutet das einen Anteil der Personalkosten von rd. 46 %.[5] Der hohen Personalkostenbelastung versucht der Großhandel, durch Produktivitätssteigerung zu begegnen. So konnte im Zeitraum 1980 bis 1984 ein Produktivitätsfortschritt von durchschnittlich jährlich 1,5 % erreicht werden.[6]

---

[3] Vgl. Philippi, Hans: Bericht über die Betriebsvergleichsergebnisse des Großhandels im Jahr 1984, in: Mitteilungen des Instituts für Handelsforschung an der Universität zu Köln, Dezember 1985, S. 168.

[4] Vgl. Arbeitskreis Tacke der Schmalenbach-Gesellschaft – Deutsche Gesellschaft für Betriebswirtschaft e. V.: Geschäftspolitische und organisatorische Aspekte des Kreditmanagements, Teil II: Die Auswertung und Kommentierung einer Umfrage „Zur Organisation des Kreditmanagements", in: Zeitschrift für betriebswirtschaftliche Forschung, 1981, S. 773 ff., insbes. S. 783 ff.

[5] Ohne Entgelt für tätige Inhaber und tätige Mitinhaber sowie ohne Entgelt für tätige Familienangehörige, die in den betreffenden Firmen in keinem Lohn-, Gehalts- oder Ausbildungsverhältnis standen.

[6] Berechnungen des Ifo-Instituts anhand der Statistik „Beschäftigung, Umsatz, Wareneingang, Lagerbestand und Investitionen im Großhandel" in Verbindung mit der Statistik „Index der Großhandelsverkaufspreise" des Statistischen Bundesamtes.

Tab. IV/5

Entwicklung der Lagerumschlagshäufigkeit
und der Lagerquote im Großhandel
in den Jahren 1979 bis 1984

Jahr	Lagerumschlags-häufigkeit[a]	Lager-quote[b]
1979	11,6	7,5
1980	11,2	7,7
1981	11,4	7,7
1982	11,7	7,5
1983	11,9	7,3
1984	12,1	7,2

a) $\frac{\text{Wareneinsatz}}{\text{durchschnittlicher Lagerbestand}}$.

b) Durchschnittlicher Lagerbestand in % vom Umsatz.

Quelle: Statistisches Bundesamt, Beschäftigung, Umsatz, Wareneingang, Lagerbestand und Investitionen im Großhandel 1979 bis 1983 sowie Berechnungen des Ifo-Instituts für Wirtschaftsforschung.

Die Investitionstätigkeit des Großhandels hat sich in den zurückliegenden Jahren tendenziell abgeschwächt. Die Investitionen blieben hinter der Umsatzentwicklung zurück, die Investitionsquote nahm ab (vgl. Abb. IV/1).

Die Investitionstätigkeit und der hierdurch induzierte Kapitalbedarf verliefen innerhalb des Großhandels nach Größenklassen recht unterschiedlich. Lediglich bis zur Umsatzgröße von 500 000 DM nahm die Investitionsquote im Zeitraum 1980 bis 1984 kontinuierlich zu. Generell weisen die kleinen und mittleren Unternehmen eine höhere Investitionsquote auf als die großen Unternehmen mit mehr als 50 Mio. DM Jahresumsatz (vgl. Tab. IV/6). Das ist teilweise darauf zurückzuführen, daß kleine Unternehmen eher Schwierigkeiten haben, für ihren Produktions- und Lieferumfang geeignete Anlagen zu bekommen und deshalb oft in relativ große Anlagen investieren müssen, aber auch darauf, daß eine Mindestausstattung an Anlagen und Umlaufvermögen zur Gewährleistung der Funktionsfähigkeit — unabhängig von der Umsatzhöhe — vorhanden sein muß. Weitere Gründe liegen darin, daß u. a. bei großen Unternehmen Streckengeschäfte und Vermittlungsumsätze eine relativ größere Rolle spielen.

1. Kapitalbedarf und seine Bestimmungsfaktoren

Abb. IV/1

Reale Investitions- und Umsatzentwicklung im Großhandel

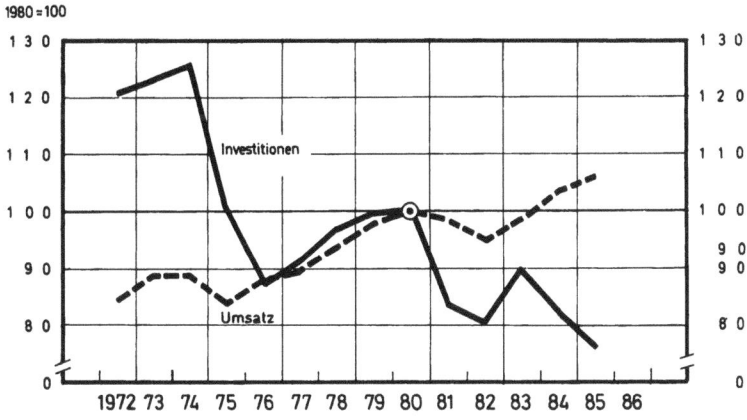

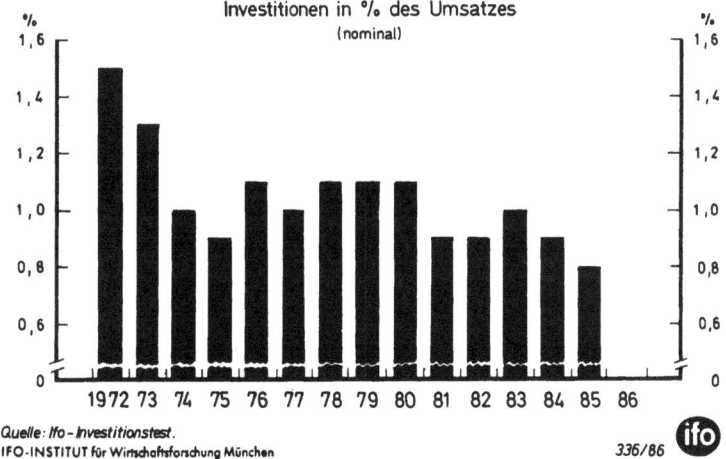

Quelle: Ifo-Investitionstest.
IFO-INSTITUT für Wirtschaftsforschung München

Die Divergenz zwischen Umsatzentwicklung und Investitionstätigkeit in den vergangen Jahren ist zum Teil darauf zurückzuführen, daß der Großhandel „Finanzierungssurrogate", wie z. B. das Leasing, verstärkt genutzt hat. Darauf weist die Zunahme der Aufwendungen für gemietete und gepachtete Sachanlagen hin. Diese erhöhten sich im Zeitraum 1979 bis 1984 jahresdurchschnittlich um reichlich 11 %. Die Ergebnisse der Ifo-Investorenrechnung stärken diese Vermutung. Der Anteil der gemieteten, gepachteten und geleasten Anlagen an allen genutzten Anlagen (Leasingquote) hat sich in den vergangenen Jahren spürbar erhöht. Für 1980 wurde eine Leasingquote im Großhandel von 15,1 % errechnet, 1984 betrug die Quote bereits 18,7 %.

Tab. IV/6

Investitionsquoten[a] **des Großhandels**
nach Umsatzgrößenklassen
in den Jahren 1980 bis 1985

Unternehmensgröße (Jahresumsatz von ... bis unter ...Mill.DM)	1980	1981	1982	1983	1984	1985[b]
- 0,5	1,9	2,3	2,3	2,8	3,6	4,2
0,5 - 2	1,8	2,2	2,4	2,4	1,3	1,9
2 - 10	2,0	1,6	1,6	2,1	1,8	1,7
10 - 50	1,5	1,3	1,4	1,7	1,2	1,2
50 und mehr	0,7	0,6	0,5	0,5	0,6	0,6
Insgesamt	0,8	0,9	0,6	0,6	0,9	0,8

a) Bruttoanlageinvestitionen in % vom Umsatz.
b) Vorläufige Werte.

Quelle: Ifo-Investitionstest.

In den zurückliegenden fünf Jahren hat der Großhandel im Rahmen seiner Investitionstätigkeit offensichtlich die gewandelten und häufig gestiegenen Anforderungen von Lieferanten und Abnehmern in hohem Maße berücksichtigt. Nach jüngsten Erhebungen des Ifo-Instituts wurden vor allem die Investitionen in sonstige Betriebs- und Geschäftsausstattungen (darunter u. a. EDV-Anlagen und Kommunikationsgeräte) relativ stark erhöht. Besondere Bedeutung wurde von seiten des Großhandels auch den Lageranlagen bzw. -bauten, der Lagertechnik und -ausstattung sowie dem Fuhrpark zugemessen. Dadurch konnte die Lieferbereitschaft und Lieferschnelligkeit spürbar verbessert sowie die Effizienz von Rechnungswesen und Bestellabwicklung erhöht werden (vgl. Tab. IV/7).

Die Entwicklung der verschiedenen Bestimmungsgrößen für den Kapitalbedarf weist keine einheitliche Tendenz auf. So blieb die Investitionstätigkeit des Großhandels recht verhalten, die Kapitalproduktivität nahm zu. Während davon eher dämpfende Einflüsse auf den Kapitalbedarf ausgegangen sein dürften, ergab sich aus den Ausgaben infolge der verstärkten Leasingtätigkeit eine Zunahme des Kapitalbedarfs. Eine Ausweitung des Kapitalbedarfs hat vermut-

Tab. IV/7

Veränderung der Investitionsaktivitäten im Großhandel in den zurückliegenden 5 Jahren

Investitionsaktivität	... % der Firmen haben die einzelnen Investitionsaktivitäten			Saldo aus (+) und (-) Meldungen
	verstärkt (+)	gleichgelassen (=)	vermindert (-)	
Lageranlagen bzw. -bauten	48	38	14	+ 34
Sonstige Bauten	24	56	20	+ 4
Instandhaltung	25	71	4	+ 21
Kraftfahrzeuge bzw. Fuhrpark	41	48	11	+ 30
Lagertechnik bzw. -ausstattung	41	52	7	+ 34
Sonstige Betriebs- und Geschäftsausstattung (EDV-Anlagen, Kommunikationsgeräte u.a.)	66	29	5	+ 61
Lagerbestände	39	46	15	+ 24
Finanzanlagen und Beteiligungen	16	73	11	+ 5

Quelle: Erhebungen des Ifo-Instituts für Wirtschaftsforschung 1985.

lich auch die Zunahme der Leistungserstellung in qualitativer und quantitativer Hinsicht bewirkt. Dabei hat sicherlich der nach wie vor hohe Personalkostenanteil ebenso erhöhend auf den Kapitalbedarf gewirkt wie weiter zunehmende Funktionen des Großhandels als Kreditgeber und als Lagerhalter.

2. Finanzierung der Investitionen

Den Großhandelsunternehmen stehen zur Deckung des Kapitalbedarfs verschiedene Finanzierungsalternativen zur Verfügung. Eine Einteilung der Finanzierungsmöglichkeiten kann im wesentlichen nach zwei Kriterien erfolgen: einmal nach der rechtlichen Stellung des Kapitalgebers zum Unternehmen, zum anderen nach der Herkunft der Finanzierungsmittel.

Nach der Rechtsstellung des Kapitalgebers ist zu unterscheiden zwischen Eigen- und Fremdfinanzierung, nach der Herkunft in Innen- und Außenfinanzierung (vgl. Abb. IV/2).

Abb. IV/2

Finanzierungsarten im Großhandel
nach der rechtlichen Stellung der
Kapitalgeber zum Unternehmen

		Eigenfinanzierung	Fremdfinanzierung
nach der Kapitalherkunft	Innenfinanzierung	- Thesaurierung von Gewinnen (Bildung von Rücklagen) - Finanzierung durch Vermögensumschichtung und Auflösung stiller Reserven	- Zuführung zu den Pensionsrückstellungen
	Außenfinanzierung	- Beteiligung neuer Gesellschafter - Erhöhung der Beteiligung bisheriger Gesellschafter	- Kreditfinanzierung (z.B. Lieferanten, Banken) - Gesellschafterdarlehen

Quelle: Ifo-Institut für Wirtschaftsforschung, München.

2. Finanzierung der Investitionen

Um die Finanzierungsquellen für Investitionen im Großhandel detaillierter, als das anhand von Bilanzen möglich ist, zu erfassen, hat das Ifo-Institut im Rahmen einer Erhebung im Jahre 1985 die Großhandelsunternehmen nach den Finanzierungsarten der in den zurückliegenden fünf Jahren getätigten Investitionen befragt.

Den Ergebnissen dieser Erhebung zufolge haben 84 % der Unternehmen im Großhandel ihre Investitionen im wesentlichen aus Gewinnen und Abschreibungen finanziert. Der Innenfinanzierung kommt also die weitaus größte Bedeutung zu. Neben den Gewinnen und Abschreibungen spielt im Rahmen der Innenfinanzierung auch die Umschichtung des Vermögens zur Beschaffung von Finanzmitteln eine gewisse Rolle. Reichlich ein Zehntel der Firmen gab an, diesen Weg der Finanzmittelbeschaffung für Investitionen in den vergangenen fünf Jahren beschritten zu haben.

Sobald sich Unternehmen veranlaßt sahen, Quellen außerhalb des Unternehmens zur Finanzierung von Investitionen in Anspruch zu nehmen, stand die Aufnahme von Krediten bei Banken im Vordergrund. Von rd. zwei Dritteln der befragten Unternehmen wurde diese Finanzierungsmöglichkeit genutzt. Etwa ein Viertel nahm Kredite zu staatlich vergünstigten Konditionen in Anspruch, 13 % finanzierten ihre Investitionen mit Mitteln, die aus Eigenmittelprogrammen, den Programmen der Kreditanstalt für Wiederaufbau oder der Lastenausgleichsbank stammten. Nahezu gleich häufig wurde die Finanzierung von Investitionen durch Erhöhung der Kapitaleinlagen der bisherigen Gesellschafter und die Aufnahme von Darlehen bei Gesellschaftern genannt.[7] Unbedeutend ist hingegen die Neuaufnahme von Gesellschaftern. Ein nicht zu unterschätzendes Hindernis für eine Aufnahme von Gesellschaftern ist dadurch gegeben, daß dies häufig eine Veränderung der Rechtsform des Unternehmens erfordert (vgl. Tab. IV/8).

Nach Fachzweigen liegen im Großhandel zum Teil erhebliche Unterschiede in der Inanspruchnahme der verschiedenen Finanzierungsquellen vor. Der Finanzierung aus Gewinnen und Abschreibungen kommt vor allem im Großhandel mit Chemikalien erhebliche Bedeutung zu. Auch die Firmen des Großhandels mit Papier und Pappe, des Nahrungs- und Genußmittelhandels sowie des Elektrogroßhandels (einschließlich des Großhandels mit Rundfunk-, Fernseh- und Phonoartikeln) haben in den zurückliegenden Jahren dieses Finanzierungsinstrument häufiger genutzt als das im Durchschnitt des Großhandels der Fall war. Unterdurchschnittlich war diese Form der Innenfinanzierung hingegen im Handel mit Baustoffen sowie im Handel mit Werkzeugen und

---

[7] Gesellschafterdarlehen sind vor allem unter steuerlichen Aspekten vorteilhaft, da sie über die Zinsaufwendungen gewinnmindernd wirken. Unter dem Gesichtspunkt der Bilanzoptik wird häufig der Finanzierung durch die Erhöhung von Einlagen der bisherigen Gesellschafter der Vorzug gegeben. Damit senkt man den Verschuldungsgrad. Infolge dessen verbessern sich die weiteren Finanzierungsmöglichkeiten mit Fremdkapital.

Tab. IV/8 Art der Finanzierung von Investitionen im Großhandel nach ausgewählten Fachzweigen

Fachzweig	...% der Unternehmen haben den Finanzierungsbedarf für Investitionen in den vergangenen fünf Jahren in erster Linie durch folgende Finanzierungsarten gedeckt a)						
	Gewinne und Abschreibungen	Erhöhung der Kapitaleinlagen	Aufnahme von Gesellschaftern	Umschichtung des Vermögens	Aufnahme von Gesellschafterdarlehen	Aufnahme von Krediten	Inanspruchnahme staatl. vergünstigt. Kredite	Sonst.Quellen (z.B.Eigenmittelprogr. KfW, LAB)
Baustoffe	77	9	1	11	14	67	25	6
Holz	83	9	1	15	3	69	23	12
Sanitärmaterial	82	9	2	7	10	74	35	21
Werkzeuge,Maschinen	78	6	-	11	17	56	33	17
Papier, Pappe	93	14	-	-	14	71	21	29
Chemikalien	100	17	-	-	-	67	17	25
Nahrungs- und Genußmittel	92	23	-	46	-	61	23	15
Textilien,Bekleidg., Lederwaren,Schuhe	87	27	-	-	13	60	7	13
Rundfunk-,Fernseh-, Phonogeräte, Elektrogeräte	92	11	-	30	16	62	19	8
Papier, Schreibwaren,Bürobedarf	88	6	-	-	18	71	41	-
Insgesamt	84	11	1	13	10	67	26	13

a) Mehrfachmeldungen (maximal 3 Finanzierungsarten) waren möglich.
Quelle: Erhebungen des Ifo-Instituts für Wirtschaftsforschung 1985.

Maschinen. Im Großhandel mit Nahrungs- und Genußmitteln ist der Anteil der Firmen, die eine Umschichtung des Vermögens vorgenommen haben, sehr hoch. Dies deutet darauf hin, daß der starke Wettbewerb in diesem Bereich die Firmen dazu zwingt, nicht betriebsnotwendige Vermögensteile aufzulösen. Knapp die Hälfte der befragten Nahrungs- und Genußmittelgroßhändler veräußerte Finanz- sowie betrieblich genutzte Anlagen und baute Lagerbestände ab, um Mittel für Erweiterungs-, Rationalisierungs- und Ersatzinvestitionen zu erhalten. Nur geringfügige Abweichungen zwischen den verschiedenen Fachzweigen liegen hinsichtlich der Häufigkeit der Finanzierung mit Fremdmitteln zu üblichen Bankkonditionen vor. Stärker variiert hingegen die Inanspruchnahme von staatlich vergünstigten Krediten (z. B. ERP-Darlehen). Vor allem der Großhandel mit Schreib-, Papierwaren und Bürobedarf nutzte diese Kredite. Die Beschaffung von Finanzmitteln durch eine Erhöhung der Kapitaleinlagen wurde vor allem in den Großhandelsfachzweigen Nahrungs- und Genußmittel sowie Textilien, Bekleidung und Schuhe praktiziert. Gesellschafterdarlehen wurden insbesondere in den Branchen Schreib-, Papierwaren und Bürobedarf, Werkzeuge und Maschinen sowie Elektrogeräte und Unterhaltungselektronik als Finanzierungsmittel für Investitionen herangezogen (vgl. Tab. IV/8).

Nach der Größe der Unternehmen ist festzustellen, daß vor allem die kleinen Unternehmen, d. h. Großhandlungen mit einem Jahresumsatz bis zu 5 Mio. DM, Gewinne und Abschreibungen weniger häufig zur Finanzierung von Investitionen heranziehen bzw. nutzen können als das im Durchschnitt der befragten Großhandelssparten der Fall ist. Besonders häufig wurden Gewinne und Abschreibungen als Finanzierungsquelle von den mittleren Unternehmen mit einem jährlichen Umsatz zwischen 25 und 50 Mio. DM genutzt. Vermögensumschichtungen wurden vergleichsweise häufig von großen Unternehmen mit mehr als 100 Mio. DM Jahresumsatz vorgenommen. Kredite zu marktüblichen Konditionen wurden in den vergangenen Jahren vor allem von Unternehmen der Umsatzgröße 5 bis 50 Mio. DM aufgenommen. Staatlich vergünstigte Kredite nahmen vor allem Großhandelsunternehmen mit Jahresumsätzen zwischen 10 und 25 Mio. DM zur Finanzierung von Investitionen in Anspruch. Die unter „Sonstige Finanzierungsquellen" zusammengefaßten Mittel aus den Eigenmittelprogrammen und den Programmen der Kreditanstalt für Wiederaufbau sowie der Lastenausgleichsbank wurden vor allem von den großen Unternehmen mit Jahresumsätzen von über 100 Mio. DM genutzt. Knapp 30 % dieser Unternehmen gaben an, in den zurückliegenden fünf Jahren zur Finanzierung von Investitionen auf solche Mittel zurückgegriffen zu haben. Bei den Unternehmen mit einem Jahresumsatz unter 10 Mio. DM lag der entsprechende Anteil nur bei gut 5 %. Eine Zufuhr von Finanzierungsmitteln durch Erhöhung der Kapitaleinlagen von Gesellschaftern nahmen vor allem die großen Unternehmen vor. Bei den kleinen Unternehmen überwog hingegen die Inanspruchnahme von Gesellschafterdarlehen. Aus den Befragungsergeb-

IV. Finanzierung des Kapitalbedarfs

Tab. IV/9   Art der Finanzierung von Investitionen im Großhandel nach Umsatzgrößenklassen

Unternehmensgröße (Jahresumsatz von ... bis unter ...Mill.DM)	... % der Unternehmen haben den Finanzierungsbedarf für Investitionen in den vergangenen fünf Jahren in erster Linie durch folgende Finanzierungsarten gedeckt a)						
	Gewinne und Abschreibungen	Erhöhung der Kapitaleinlagen	Aufnahme von Gesellschaftern	Umschichtung des Vermögens	Aufnahme von Gesellschafterdarlehen	Aufnahme von Krediten	Inanspruchnahme staatl. vergünstigt. Kredite	Sonst.Quellen (z.B.Eigenmittelprogr., KfW, LAB)
- 5	72	7	3	15	14	66	24	6
5 - 10	76	11	1	13	16	70	27	5
10 - 25	94	5	-	10	5	70	37	16
25 - 50	95	17	-	9	9	69	21	14
50 - 100	83	22	-	11	17	56	22	22
100 und mehr	85	26	-	30	4	67	4	30
Insgesamt	84	11	1	13	10	67	26	13

a) Mehrfachmeldungen (maximal 3 Finanzierungsarten) waren möglich.

Quelle: Erhebungen des Ifo-Instituts für Wirtschaftsforschung.

nissen ist der Eindruck zu gewinnen, daß die großen Firmen der Innenfinanzierung, die kleinen hingegen der Außenfinanzierung größere Bedeutung beimessen (vgl. Tab. IV/9).

Gliedert man die Befragungsergebnisse nach Rechtsformen, so zeigt sich, daß insbesondere die Einzelfirmen ein abweichendes Finanzierungsverhalten aufweisen.[8] Weit weniger häufig als bei den anderen Rechtsformen des Großhandels werden von den Einzelunternehmen Gewinne und Abschreibungen als Finanzierungsmittel für Investitionen herangezogen. Der Selbstfinanzierung kommt aber auch bei diesen Unternehmen die größte Bedeutung von allen Finanzierungsquellen zu. Wesentlich häufiger als von Großhandelsunternehmen mit anderer Rechtsform erfolgte von den Einzelunternehmen eine Mittelbeschaffung durch Vermögensumschichtungen bei der Finanzierung von Investitionen. Auf Bankkredite besonders oft griffen – den Befragungsergebnissen zufolge – die GmbHs zurück. Nahezu 30 % der Einzelunternehmen und damit mehr als der Durchschnitt des gesamten Großhandels haben staatlich vergünstigte Kredite in Anspruch genommen. Die Inanspruchnahme von Programmen (z. B. Eigenmittelprogramm, KfW, LAB) hat jedoch bei den Einzelunternehmen nur einen relativ geringen Stellenwert. Nur 4 % der Firmen gaben an, auf diesem Wege Mittel beschafft zu haben. Bei den anderen Rechtsformen schwanken die entsprechenden Firmenanteile zwischen 13 und 17 % (vgl. Tab. IV/10).

3. Bedeutung der Innenfinanzierung

Ein wichtiges Maß für die Innenfinanzierungskraft ist der Cash Flow. Er „stellt denjenigen ‚Topf' an Finanzierungsmitteln dar, die einbehalten oder ausgeschüttet (entnommen) werden".[9] Der Cash Flow ergibt sich als Überschuß des Zugangs von flüssigen Mitteln aus der Absatztätigkeit und anderen laufenden Operationen gegenüber den Ausgaben für den laufenden Geschäftsbetrieb während desselben Zeitraums. Der Cash Flow basiert also zunächst auf Zahlungsvorgängen. Da die auf den monetären Zahlungsflüssen basierenden Daten Außenstehenden üblicherweise nicht zur Verfügung stehen, wurde, um dieses Konzept betriebswirtschaftlich, aber auch in der empirischen Wirtschaftsforschung, anwenden zu können, eine Umformung durchgeführt.[10]

---

[8] Die AGs sowie die KGaAs müssen bei dieser Betrachtung allerdings außer Acht gelassen werden, da die Meldezahlen eine Auswertung nicht zulassen.

[9] Vgl. Uhlmann, Luitpold / Berger, Manfred: Investitionsverhalten und Unternehmensgröße, Schriftenreihe des Ifo-Instituts für Wirtschaftsforschung, Nr. 119, Berlin 1986, S. 102.

[10] Cash Flow = Ertragseinnahmen – Aufwandsausgaben
= Ertrag – einnahmeloser Ertrag –
(Aufwand – ausgabeloser Aufwand)

Tab. IV/10

Art der Finanzierung von Investitionen im Großhandel nach Rechtsformen

Anteil der Meldungen in %[a]

Rechtsform	Gewinne und Abschreibungen	Erhöhung der Kapitaleinlagen	Aufnahme von Gesellschaftern	Umschichtung des Vermögens	Aufnahme von Gesellschafterdarlehen	Aufnahme von Krediten	Inanspruchnahme staatl. vergünstigt. Kredite	Sonst. Quellen (z.B. Eigenmittelprogr. KfW, LAB)
Einzelunternehmen	74	8	–	21	2	68	30	4
OHG, KG	84	6	1	11	4	72	27	13
GmbH & Co KG	89	13	2	13	12	58	25	14
GmbH	82	10	–	10	18	73	23	13
AG, KGaA[b]	–	–	–	–	–	–	–	–
Insgesamt	84	11	1	13	10	67	26	13

a) Mehrfachmeldungen (maximal 3 Finanzierungsarten) waren möglich.
b) Aufgrund der geringen Meldezahl war eine Auswertung nicht möglich.

Quelle: Erhebungen des Ifo-Instituts für Wirtschaftsforschung 1985.

3. Bedeutung der Innenfinanzierung

In der Literatur werden verschiedene Definitionen des Cash Flow diskutiert. Sie unterscheiden sich jedoch im wesentlichen durch die Ausführlichkeit der Erfassung von Bestimmungsgrößen.[11]

In der folgenden Analyse soll der Cash Flow als Summe des Jahresüberschusses und der Abschreibungen auf Sachanlagen aufgefaßt werden. Daneben stellen auch die Rückstellungen eine wesentliche Komponente des Cash Flow dar. Im Großhandel kommt den Rückstellungen keine nennenswerte Bedeutung zu; sie bleiben deshalb bei der Berechnung des Cash Flow außer Betrachtung.

Bei der Verwendung der Daten der Deutschen Bundesbank ist zu berücksichtigen, daß im Jahresüberschuß der Kapitalgesellschaften die Körperschaftssteuer bereits abgezogen ist, während für die Personengesellschaften und Einzelkaufleute der Ausweis der Jahresüberschüsse einschließlich der Einkommensteuer erfolgt. Um die unterschiedliche steuerliche Behandlung der verschiedenen Rechtsformen weitgehend zu neutralisieren, wird bei der Berechnung des Cash Flow von den Jahresüberschüssen vor Steuern ausgegangen. Eine Verzerrung des Gewinnausweises ist insofern gegeben, als bei Personengesellschaften und Einzelfirmen der kalkulatorische Unternehmerlohn, soweit die Unternehmen von den Inhabern bzw. Gesellschaftern selbst geführt werden, enthalten ist. In den ermittelten Cash Flow-Daten für den Großhandel sind also die Unternehmenssteuern, zum Teil auch der Unternehmerlohn, noch enthalten. Außerdem sind die Abschreibungen auf Positionen im Finanzanlagevermögen sowie im Umlaufvermögen (z. B. Forderungsverluste) noch nicht berücksichtigt. Das ist jedoch für die langfristigen Betrachtungen von zu vernachlässigbarem Einfluß.

Nach der Bilanzstrukturstatistik der Deutschen Bundesbank hat sich der Cash Flow gemäß genannter Definition im Großhandel zwischen 1965 und 1983 ganz erheblich verringert. Hatte er im Jahre 1965 noch 4,8 % vom Umsatz ausgemacht, so waren es 1983 nur noch 3,1 %.

Dieser Rückgang des Cash Flow ist nahezu ausschließlich auf den Rückgang der Gewinnquote zurückzuführen. Den Ergebnissen der Bundesbankstatistik zufolge reduzierte sich der Jahresüberschuß (vor Steuern) von 3,9 % des Umsatzes im Jahre 1965 auf rd. 2 % in den Jahren 1981 bis 1983 (vgl. Abb. IV/3 und Tab. IV/11).

    = Ertrag − Aufwand + ausgabeloser Aufwand − einnahmeloser Ertrag
    = Jahresüberschuß + ausgabeloser Aufwand − einnahmeloser Ertrag
      Dieser Ausdruck wird aus Praktikabilität häufig auf Jahresüberschuß + Abschreibungen verkürzt.

11 Vgl. Chmielewicz, Klaus / Caspari, Britta: Zur Problematik von Finanzierungsrechnungen, in: DBW, Heft 2, 1985, S. 156 ff.

IV. Finanzierung des Kapitalbedarfs

Abb. IV / 3
Entwicklung des Cash Flow sowie dessen wesentliche Komponenten im Großhandel
in den Jahren 1965 bis 1983
in % des Umsatzes

Quelle: Berechnungen des Ifo-Instituts auf der Basis der Jahresabschlüsse von Unternehmen nach Angaben der Deutschen Bundesbank.

3. Bedeutung der Innenfinanzierung

Tab. IV/11

Entwicklung des Cash Flow sowie dessen
Komponenten im Großhandel[a)]
in den Jahren 1965 bis 1983
in % des Umsatzes

Jahr	Jahresüber-schuß vor Steuern	Abschreibungen auf Sachanlagen	Cash Flow
1965	3,9	0,9	4,8
1966	3,7	1,0	4,7
1967	3,9	1,1	5,0
1968	3,3	1,0	4,3
1969	3,6	1,0	4,6
1970	3,5	1,0	4,5
1971	3,6	1,0	4,6
1972	3,7	1,1	4,8
1973	3,3	1,0	4,3
1974	3,0	0,9	3,9
1975	3,0	0,9	3,9
1976	3,1	0,9	4,0
1977	3,0	0,9	3,9
1978	3,0	0,9	3,9
1979	2,9	0,9	3,8
1980	2,6	0,9	3,5
1981	2,1	0,9	3,0
1982	1,8	0,9	2,7
1983	2,2	0,9	3,1

a) Einschließlich Handelsvermittlung.

Quelle: Deutsche Bundesbank, Jahresabschlüsse der Unternehmen in der Bundesrepublik Deutschland 1965 bis 1981 sowie Monatsbericht vom November 1985.

Auch die Kostenstrukturstatistik zeigt einen spürbaren Rückgang des Betriebsergebnisses (einschließlich kalkulatorisches Unternehmerentgelt).[12] Während für 1976 1,8 % der Gesamtleistung[13] als Betriebsergebnis ausgewiesen wurden, waren es 1980 nur noch 1,5 %.

---

[12] Betriebsergebnis = Rohertrag abzüglich Handlungskosten.
[13] Gesamtleistung = Umsatz ± Bestandsveränderung + selbsterstellte Anlagen.

Abb. IV/4
Rohertrag, Aufwendungen und Jahresüberschuß im Großhandel
in den Jahren 1965 bis 1983
in % des Umsatzes

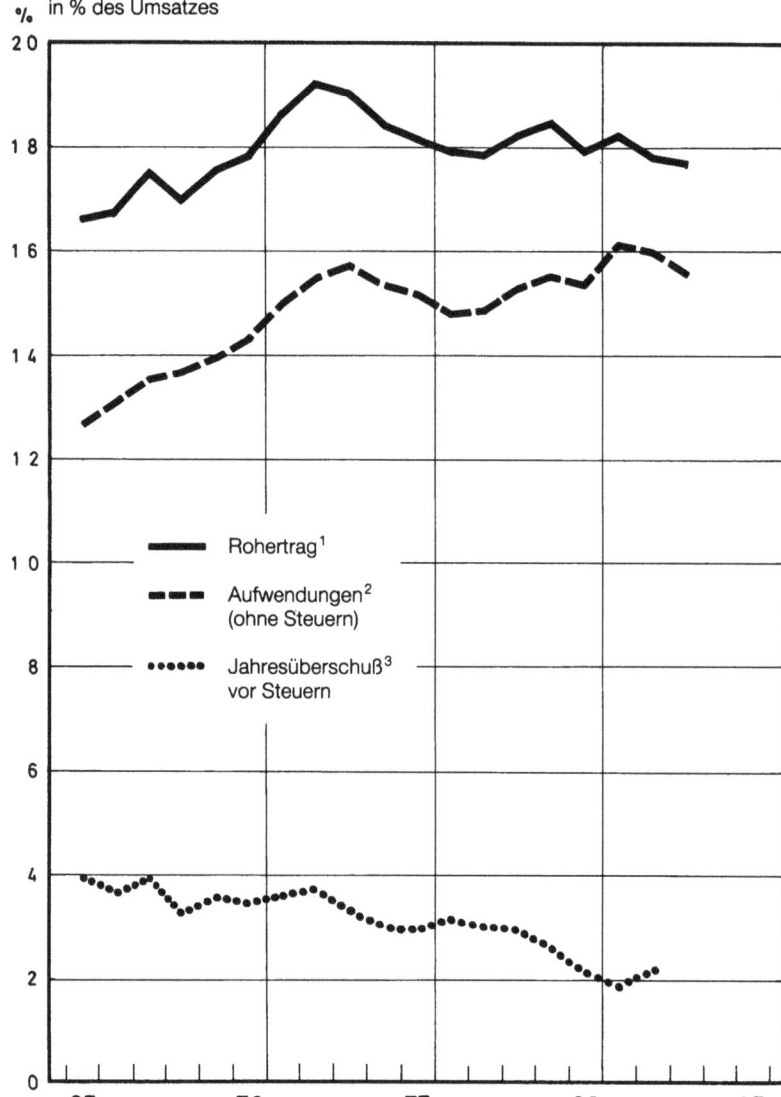

1) Rohertrag einschl. Zinserträge und übrige Erträge.
2) Ohne Materialaufwand, ohne Steuern.
3) Einschließlich Verbrauchsteuern, Gewerbesteuern sowie Körperschaftsteuern.

Quelle: Berechnungen des Ifo-Instituts auf der Basis der Jahresabschlüsse von Unternehmen nach Angaben der Deutschen Bundesbank.

Tab. IV/12

Rohertrag[1], Aufwendungen[2] und Jahresüberschuß[3]
im Großhandel
in den Jahren 1965 bis 1983
in % des Umsatzes

Jahr	Rohertrag	Aufwendungen	Jahresüberschuß
1965	16,61	14,16	2,45
1966	16,75	14,56	2,19
1967	17,45	15,20	2,25
1968	16,97	14,61	2,36
1969	17,52	14,76	2,76
1970	17,81	15,25	2,56
1971	18,63	16,13	2,50
1972	19,20	16,71	2,49
1973	19,03	16,93	2,10
1974	18,40	16,55	1,85
1975	18,15	16,36	1,79
1976	17,92	15,93	1,99
1977	17,85	16,01	1,84
1978	18,23	16,40	1,83
1979	18,43	16,54	1,89
1980	17,90	16,38	1,52
1981	18,21	17,07	1,14
1982	17,80	16,80	1,00
1983	17,69	16,47	1,22

1) Rohertrag einschl. Zinserträge und übrige Erträge.
2) Ohne Materialaufwand, einschl. Körperschaftssteuern der Kapitalgesellschaften und Verbrauchssteuern.
3) Ohne Körperschaftssteuer der Kapitalgesellschaften und ohne Verbrauchssteuern.

Quelle: Deutsche Bundesbank, Jahresabschlüsse der Unternehmen in der Bundesrepublik Deutschland 1965 bis 1981 sowie Monatsbericht vom November 1985.

Die Ergebnisse des Instituts für Handelsforschung an der Universität zu Köln bestätigen ebenfalls den Rückgang des betriebswirtschaftlichen Betriebsergebnisses im Großhandel. Während 1973 noch 2,3 % vom Umsatz erzielt wurden, waren es im Jahre 1984 nur noch 0,9 %. Die Reduzierung des Betriebsergebnisses wurde — der Bundesbankstatistik zufolge — vor allem durch den starken Anstieg der Aufwendungen in Relation zum Umsatz hervorgerufen; die Rohertragsquote hat sich im Vergleich dazu im Zeitraum zwischen 1970 und 1983 nur geringfügig erhöht (vgl. Abb. IV/4 und Tab. IV/12).

Während sich die Jahresüberschüsse in Prozent vom Umsatz im Beobachtungszeitraum nahezu halbiert haben, ist die Abschreibungsquote – die zweite Komponente bei der Ermittlung des Cash Flow – nahezu unverändert geblieben. Ihr Wert bewegte sich um 1 % vom Umsatz. In dieser Größenordnung liegt auch die Investitionsquote des Großhandels. Daß die Abschreibungen nahezu konstant geblieben sind, dürfte hauptsächlich auf die steigende Bedeutung des Leasing zurückzuführen sein.

Die Abschreibungen stellen einen Ausgleich für den Wertverlust der Anlagen dar und binden Zahlungseingänge, die nicht zur Verteilung an Gesellschafter, Staat usw. zur Verfügung stehen. Die Bindung der aus Abschreibungen zurückgeflossenen liquiden Mittel hat einen erheblichen Einfluß auf die Finanzierung von Ersatzinvestitionen und – soweit expandiert wird – auch für Erweiterungsinvestitionen. Durch den Verkauf von Waren fließen dem Unternehmen Mittel zu, die zum Teil Abschreibungsgegenwerte für Investitionen sind. Dieser Rückfluß investierter Mittel erfolgt jedoch wesentlich früher als der Ersatzzeitpunkt, so daß den Unternehmen neben der Anlage, die bestimmte Leistungen abgibt, auch zurückgeflossene finanzielle Mittel zur Verfügung stehen.[14] Diese Mittel können auch in Anlagegüter investiert werden, so daß mit Hilfe der Abschreibungen eine Erweiterung der Kapazitäten erfolgen kann.

Um zu erkennen, inwieweit der Großhandel zur Innenfinanzierung in der Lage ist, muß der Cash Flow dem Kapitalbedarf gegenübergestellt werden. Relevant ist hierbei der Netto-Cash Flow. Dieser ergibt sich, wenn man den kalkulatorischen Unternehmerlohn, die Zinsen für Eigenkapital sowie Gewinnsteuern in Abzug bringt.[15] Dem auf solche Weise ermittelten Netto-Cash Flow können nun die Investitionen des Großhandels gegenübergestellt werden. Hierbei zeigt sich, daß im Betrachtungszeitraum 1973 bis 1983 der Cash Flow in allen Jahren höher war als die Investitionen. Der Großhandel hat also im Durchschnitt seine Sachanlageinvestitionen aus eigener Kraft finanzieren können. Die Cash Flow-Überdeckung hat sich allerdings laufend verringert, und zwar von 0,7 % im Jahre 1973 auf 0,2 % vom Umsatz im Jahre 1983 (vgl. Tab. IV/13).

Die Investitionen stellen jedoch nur einen Teil des gesamten zusätzlichen Finanzierungsbedarfs dar. Ermittelt man den zusätzlichen jährlichen Kapitalbedarf des Großhandels aus den Bilanzzahlen der Deutschen Bundesbank und

---

[14] Vgl. Wöhe, Günter / Bilstein, Jürgen: Grundzüge der Unternehmensfinanzierung, Saarbrücken 1978, S. 264 ff.

[15] Hierzu müssen teilweise bestimmte Annahmen gemacht und fiktive Größen eingesetzt werden.

3. Bedeutung der Innenfinanzierung

Tab. IV/13

Cash Flow und Investitionsquote im Großhandel (Modellrechnung) im Zeitraum 1973 bis 1983 in % vom Umsatz

Jahr	Cash Flow	Kalkulator. Unternehmerlohn + Zinsen für Eigenkapital	Gewinnsteuern a)	Netto-Cash Flow	Investitionen	Cash Flow-über(+)- bzw. -unter(-)deckg.
0	1	2	3	4=1-2-3	5	6=4-5
1973	4,3	1,6	0,7	2,0	1,3	+ 0,7
1974	3,9	1,7	0,5	1,7	1,0	+ 0,7
1975	3,9	1,7	0,5	1,7	0,9	+ 0,8
1976	4,0	1,6	0,6	1,8	1,1	+ 0,7
1977	3,9	1,6	0,6	1,7	1,0	+ 0,7
1978	3,9	1,8	0,5	1,6	1,1	+ 0,5
1979	3,8	1,8	0,4	1,6	1,1	+ 0,5
1980	3,5	1,7	0,4	1,4	1,1	+ 0,3
1981	3,0	1,7	0,2	1,1	0,9	+ 0,2
1982	2,7	1,7	0,0	1,0	0,9	+ 0,2
1983	3,1	1,7	0,2	1,2	1,0	+ 0,2

a) Angenommener durchschnittlicher Steuersatz von 40 % aus dem Jahresüberschuß ohne kalkulatorischen Unternehmerlohn und ohne Zinsen für Eigenkapital.

Quelle: Deutsche Bundesbank, Institut für Handelsforschung, Ifo-Investitionstest sowie Berechnungen des Ifo-Instituts für Wirtschaftsforschung.

Tab. IV/14

Netto-Cash Flow und zusätzlicher Gesamtkapitalbedarf im Großhandel
(Modellrechnung)
im Zeitraum 1973 bis 1983

Jahr	Netto-Cash Flow	Zusätzlicher Gesamtkapitalbedarf	Cash Flow-über(+)- bzw. -unter(-)deckung	Selbstfinanzierung	Außenfinanzierung
	in % vom Umsatz			in % des gesamten zusätzlichen Finanzierungsbedarfs	
1973	2,0	2,4	− 0,4	83	17
1974	1,7	1,7	± 0	100	0
1975	1,7	0,1	+ 1,6	_a)	_a)
1976	1,8	3,6	− 1,8	50	50
1977	1,7	2,2	− 0,5	77	23
1978	1,6	2,6	− 1,0	62	38
1979	1,6	3,6	− 2,0	44	56
1980	1,4	2,1	− 0,7	67	33
1981	1,1	0,8	+ 0,3	138	0
1982	1,0	1,0	± 0	100	0
1983	1,2	1,0	+ 0,2	120	0

a) Keine sinnvollen Werte.

Quelle: Deutsche Bundesbank, Institut für Handelsforschung sowie Berechnungen des Ifo-Instituts für Wirtschaftsforschung.

stellt diesen Kapitalbedarf dem Netto-Cash Flow gegenüber, wie er in Tab. IV/13 errechnet wurde, so zeigt sich, daß — mit Ausnahme der Jahre 1975, 1981 und 1983 — eine Cash Flow-Unterdeckung vorlag oder die Selbstfinanzierung zur Deckung des zusätzlichen Kapitalbedarfs gerade ausgereicht hat. Zur Finanzierung seines gesamten zusätzlichen Kapitalbedarfs, der auch Finanzanlagen einschließt, mußte der Großhandel in den meisten Jahren auch Mittel von außen — in erster Linie Fremdkapital — beschaffen (vgl. Tab. IV/14).

Der Anteil der Selbstfinanzierung am gesamten jährlichen zusätzlichen Finanzbedarf schwankt von 44 % im Jahre 1979 bis 138 % im Jahre 1981. Im Jahre 1981 konnte also im Durchschnitt nicht nur der zusätzliche Kapitalbedarf aus Selbstfinanzierungsmitteln bestritten werden, sondern darüber hinaus standen Mittel in Höhe von 38 % des Kapitalbedarfs noch für andere Zwecke zur Verfügung (vgl. Tab. IV/14).

Den Ergebnissen dieser Analyse zufolge hat also die Selbstfinanzierung vielfach nicht ausgereicht, um den Kapitalbedarf des Großhandels zu decken. Es mußten Mittel von außerhalb der Unternehmen herangezogen werden. Da die Eigenkapitalquote des Großhandels in den zurückliegenden Jahren stark gesunken ist, kann vermutet werden, daß es sich dabei nahezu ausschließlich um Fremdkapital gehandelt hat und daß nicht alle Innenfinanzierungsmittel in den Unternehmen verblieben sind.

4. Finanzierung und Rentabilität

Die Finanzierung von Großhandelsunternehmen muß — wie generell die jedes Unternehmens — auch unter Rentabilitätsgesichtspunkten betrachtet werden. Der Einsatz von Kapital in einem Unternehmen ist nur dann zu rechtfertigen, wenn die erzielte Kapitalrendite dauerhaft höher ist als die für das eingesetzte Kapital bezahlten Zinsen.

Die Gesamtkapitalrentabilität[16] ist der Ertrag je eingesetzter Kapitaleinheit und von den „Arbeits- und Vorleistungskosten, der Nachfrage, der Wettbewerbsintensität und anderen Faktoren"[17] abhängig, jedoch nicht von der Zusammensetzung des Kapitals. Die Eigenkapitalrendite als Verzinsung des eingesetzten Eigenkapitals hängt dagegen wesentlich davon ab, welche Struktur das Gesamtkapital nach Eigen- und Fremdkapital aufweist.[18] Der Zusammenhang zwischen Gesamtkapitalrentabilität, Eigenkapitalrentabilität und Fremd-

---

[16] Gesamtkapitalrentabilität = $\dfrac{\text{Jahresüberschuß vor Steuern + Fremdkapitalzins}}{\text{Bilanzsumme}}$

[17] Vgl. Flassbeck, Heiner / Koll, Willi: Kapital und Rendite, in: Wirtschaftswoche, Nr. 21 vom 20. 5. 1983.

[18] $r_{ek} \cdot EK + z_{fk} \cdot FK = r_{gk} \cdot GK \rightarrow r_{ek} = r_{gk} + (r_{gk} - z_{fk}) \dfrac{FK}{EK}$

kapitalzinssatz ist folgender: Liegt die Gesamtkapitalrentabilität über dem zu zahlenden Fremdkapitalzins, so kann durch eine Erhöhung des Fremdkapitalanteils die Eigenkapitalrendite verbessert werden. Umgekehrt führt eine Gesamtkapitalrendite, die unter dem Fremdkapitalzinssatz liegt, dazu, daß die Zinsen auf das Eigenkapital, eventuell sogar Teile des Eigenkapitals selbst, zur Bedienung des Kapitaldienstes (Zins und Tilgung) herangezogen werden müssen.[19] Diese Hebelwirkung des Fremdkapitals ist auch unter dem Begriff „Leverage-Effekt" bekannt.

Es darf jedoch nicht übersehen werden, daß durch die Erhöhung des Fremdkapitalanteils auch das Bestandsrisiko des Unternehmens erhöht wird. Unternehmen, die bei einem Fremdkapitalzinssatz, der deutlich unter der Gesamtkapitalrendite liegt, ihren Eigenkapitalanteil reduzieren, um dadurch höhere Gewinnchancen auszunutzen, können bei einem Sinken der Gesamtkapitalrentabilität unter den Fremdkapitalzinssatz oder einem Anstieg des Fremdkapitalzinssatzes über die Gesamtkapitalrentabilität mit Verlusten konfrontiert werden[20]; jedenfalls steigt mit rückläufiger Eigenkapitalausstattung das Risiko der Eigenkapitalrentabilität.[21] Außerdem hat die Zunahme der Verschuldungsquote häufig zur Folge, daß sich die Geber zusätzlichen Fremdkapitals das Risiko des Forderungsausfalls durch einen höheren Zinsaufschlag entgelten lassen, wodurch die positive Wirkung der Substitution des Eigenkapitals durch Fremdkapital auf die Eigenkapitalrentabilität ganz oder zum Teil kompensiert wird.

Die Gesamtkapitalrentabilität im Großhandel ist – Berechnungen anhand der Bundesstatistik zufolge – seit 1971 in der Tendenz rückläufig.[22] Hatte sich das im Großhandel gebundene Kapital im Jahre 1978 noch mit rd. 13,0 % verzinst, so sank die Verzinsung bis 1980 auf 11,3 % und bis 1983 auf 9,5 % p. a. Auch die Gesamtkapitalrentabilität nach Steuern hat sich deutlich verringert. Sie lag jedoch während des gesamten Zeitraums 1971 bis 1980 – mit Ausnahme des Jahres 1974 – mehr oder weniger deutlich über dem Fremdkapitalzins. In den Jahren 1981 und 1982, also einer Phase besonders hoher Zinsen, blieb sie hinter der Fremdkapitalverzinsung zurück: Die Eigenkapitalrendite verschlechterte sich spürbar. Durch die Verminderung der Ertragskraft des Großhandels, aber auch infolge der marktbedingten Verteuerung von Fremdmitteln, haben sich die Innenfinanzierungsmöglichkeiten im Großhandel verschlechtert (vgl. Abb. IV/5 sowie Tab. IV/15 und IV/16).

---

[19] Vgl. hierzu auch Wöhe, Günter / Bilstein, Jürgen: Grundzüge der Unternehmensfinanzierung, 3. Aufl., Saarbrücken 1984, S. 309.
[20] Vgl. Perlitz, Manfred / Küpper, Herbert: Die Eigenkapitalausstattung von Unternehmen, in: Wirtschaftswissenschaftliches Studium, Heft 10 vom Oktober 1985, S. 506.
[21] Vgl. Gruhler, Wolfram: Wirtschaftsfaktor Mittelstand, Köln 1984, S. 113.
[22] Der Korrelationskoeffizient für den Zeitraum 1971 bis 1983 beträgt −0,86230.

4. Finanzierung und Rentabilität

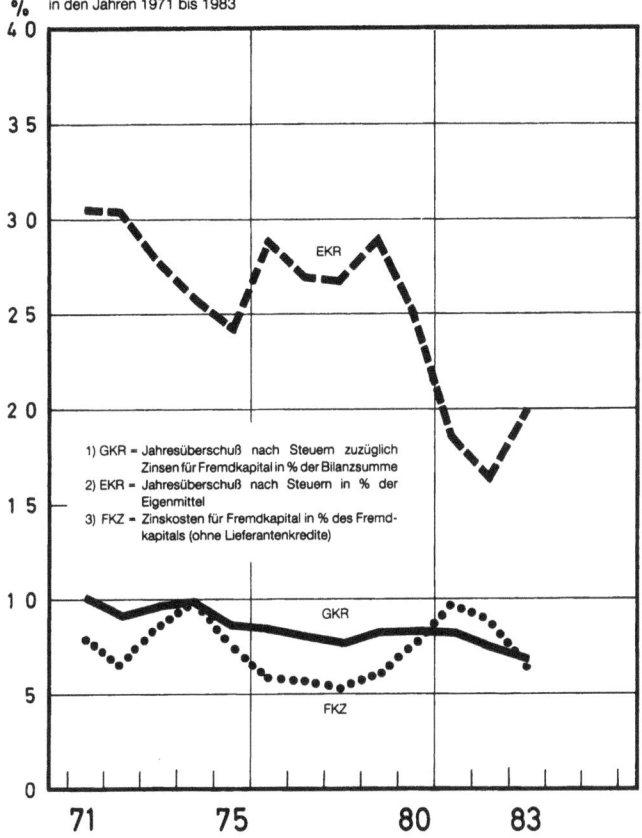

Abb. IV/5
Gesamtkapitalrendite (GKR)[1], Eigenkapitalrendite (EKR)[2], und Fremdkapitalzinssatz (FKZ)[3] des Großhandels
in den Jahren 1971 bis 1983

1) GKR = Jahresüberschuß nach Steuern zuzüglich Zinsen für Fremdkapital in % der Bilanzsumme
2) EKR = Jahresüberschuß nach Steuern in % der Eigenmittel
3) FKZ = Zinskosten für Fremdkapital in % des Fremdkapitals (ohne Lieferantenkredite)

Quelle: Berechnungen des Ifo-Instituts auf der Basis der Jahresabschlüsse von Unternehmen nach Angaben der Deutschen Bundesbank.

IFO-INSTITUT für Wirtschaftsforschung München 167/86

Tab. IV/15

Entwicklung von Umsatz- und Kapitalrenditen
im Großhandel[a)] (vor Steuern)
in den Jahren 1971 bis 1983

Jahr	Gesamt-kapital-rentabilität[b)]	Eigen-kapital-rentabilität[c)]	Fremd-kapital-verzinsung[d)]	Umsatz-rentabilität[e)]
1971	12,99	43,90	7,89	3,59
1972	12,37	45,33	6,49	3,72
1973	12,95	43,94	8,51	3,31
1974	13,30	42,41	9,88	3,03
1975	11,97	40,25	7,62	2,97
1976	11,83	45,10	5,88	3,13
1977	11,35	43,91	5,76	3,00
1978	11,01	43,82	5,27	2,99
1979	11,21	44,77	5,98	2,94
1980	11,25	41,78	7,77	2,56
1981	10,94	34,32	9,70	2,11
1982	9,92	30,43	8,80	1,85
1983	9,41	35,23	6,51	2,16

a) Einschließlich Handelsvermittlung.
b) Jahresüberschuß vor Steuern zuzüglich Zinsen für Fremdkapital in % der Bilanzsumme.
c) Jahresüberschuß vor Steuern in % des Eigenkapitals.
d) Fremdkapitalzinsen in % des Fremdkapitals. Fremdkapitalzinsen einschließlich Diskontaufwendungen, Kredit- und Überziehungsprovisionen sowie Abschreibungen auf aktiviertes Disagio. Fremdkapital ohne Lieferantenkredite.
e) Jahresüberschuß vor Steuern in % des Umsatzes.

Quelle: Deutsche Bundesbank, Jahresabschlüsse der Unternehmen in der Bundesrepublik Deutschland 1965 bis 1981 sowie Monatsbericht vom November 1985.

Tab. IV/16

Entwicklung von Umsatz- und Kapitalrenditen
im Großhandel[a] (nach Steuern)
in den Jahren 1971 bis 1983

Jahr	Gesamt-kapital-rentabi-lität[b]	Eigen-kapital-rentabi-lität[c]	Fremd-kapital-verzin-sung[d]	Umsatz-rentabi-lität[e]
1971	10,02	30,48	7,89	2,56
1972	9,19	30,30	6,49	2,49
1973	9,62	27,75	8,51	2,09
1974	9,87	25,84	9,88	1,85
1975	8,60	24,25	7,62	1,79
1976	8,52	28,68	5,88	1,99
1977	8,03	26,92	5,76	1,84
1978	7,73	26,77	5,27	1,83
1979	8,28	28,88	5,98	1,89
1980	8,33	24,92	7,77	1,53
1981	8,23	18,52	9,70	1,14
1982	7,49	16,33	8,80	1,00
1983	6,79	19,91	6,51	1,22

a) Einschließlich Handelsvermittlung.
b) Jahresüberschuß nach Steuern zuzüglich Zinsen für Fremdkapital in % der Bilanzsumme.
c) Jahresüberschuß nach Steuern in % der Eigenmittel.
d) Fremdkapitalzinsen in % der Fremdmittel.
   Fremdkapitalzinsen einschließlich Diskontaufwendungen, Kredit- und Überziehungsprovisionen sowie Abschreibungen auf aktiviertes Disagio. Fremdkapital ohne Lieferantenkredite.
e) Jahresüberschuß nach Steuern in % des Umsatzes.

Quelle: Deutsche Bundesbank, Jahresabschlüsse der Unternehmen in der Bundesrepublik Deutschland 1965 bis 1981 sowie Monatsbericht vom November 1985.

Bei den angegebenen Zahlen für die Eigen- und die Gesamtkapitalrentabilität ist zu berücksichtigen, daß der zu ihrer Berechnung herangezogene Jahresüberschuß — soweit die Großhandelsunternehmen Einzelfirmen oder Personengesellschaften sind — die Entgelte der geschäftsführenden Gesellschafter, Firmeninhaber und mithelfenden Familienangehörigen noch enthalten. Unter betriebswirtschaftlichem Aspekt müßten diese noch subtrahiert werden. Dies ist jedoch mangels Daten nicht möglich.

Angesichts der Höhe der Gesamtkapitalrentabilität und ihrer Entwicklung in den zurückliegenden Jahren ist eine weitere Abschwächung der Innenfinanzierungskraft vorauszusehen. Vor allem Hochzinsphasen könnten im Großhandel — infolge des hohen Verschuldungsgrades — den Spielraum der Innenfinanzierung beschränken, eventuell sogar zu einem Eigenkapitalverzehr führen.

Es stellt sich weiterhin die Frage, ob zwischen dem Rückgang der Umsatzrentabilität und dem Rückgang der Eigenkapitalquote ein Zusammenhang besteht, ob also durch die verschlechterte Umsatzrendite die Möglichkeiten der Innenfinanzierung eingeschränkt wurden und dadurch bei steigendem Kapitalbedarf die Eigenkapitalquote zwangsläufig sinken mußte.

Analysen haben für den Zeitraum 1965 bis 1973 die Vermutung einer positiven Korrelation nicht bestätigt. Eigenkapitalquote und Umsatzrendite verliefen vielmehr in dieser Zeit eher gegenläufig. Erhöhte sich die Umsatzrendite in einem bestimmten Jahr, so ergab sich für das gleiche Jahr oft ein Rückgang der Eigenkapitalquote. Vermutlich haben die Unternehmen im Bezugszeitraum eine bessere Ertragslage nicht zur Konsolidierung benutzt, sondern in Erwartung eines weiter anhaltend günstigen Wirtschaftsklimas eine betonte Geschäftsausweitung betrieben. Die Finanzierung des dafür erforderlichen Kapitalbedarfs mußte zu einem großen Teil mit Fremdmitteln erfolgen.

Nach 1973 hat sich das Finanzierungsgebaren spürbar geändert. Die Analyseergebnisse weisen darauf hin, daß in der Zeit nach dem Ölpreisschock bei weit weniger starkem Wirtschaftswachstum die Eigenkapitalquote eine ähnliche Entwicklung nahm wie die Umsatzrendite. Offenbar suchten nun die Firmen, die gestiegenen unternehmerischen Risiken durch stärkere Innenfinanzierung zu mindern. Sobald es die Rendite zuließ, wurde auch das Eigenkapitalpolster erhöht.

Aufgrund dieses empirischen Befundes ist zu vermuten, daß der Großhandel in der Vergangenheit sein Finanzierungsverhalten stark auf die jeweiligen wirtschaftlichen Gegebenheiten im Umfeld abgestimmt hat.

V. Investitions- und Finanzierungsperspektiven

1. Investitionstätigkeit

Das künftige Umsatzwachstum, die erhöhten Leistungsanforderungen von seiten der Marktpartner, die Ertragskraft, aber auch die Finanzierungsmöglichkeiten sind die entscheidenden Bestimmungsfaktoren für die künftige Investitionstätigkeit des Großhandels.[1] Die Pläne der Großhandelsunternehmen deuten für die kommenden Jahre — einer Befragung des Ifo-Instituts zufolge — insgesamt auf eine gezielte Ausweitung der Investitionsetats hin. Dabei sind die Absichten im einzelnen aber sehr differenziert. Knapp 30 % der Firmen beabsichtigen, ihre Investitionen in den Jahren 1985 bis 1990 gegenüber dem Zeitraum 1980 bis 1985 zu erhöhen. Bei etwa einem Viertel wird eher eine Einschränkung der Investitionstätigkeit vorgenommen werden, und knapp die Hälfte der Unternehmen hat vor, Investitionen etwa im bisherigen Umfang durchzuführen (vgl. Tab. V/1).

Nach Fachzweigen zeigen sich zum Teil erhebliche Abweichungen von diesem Entwicklungsbild. Vor allem im Handel mit chemischen Produkten, aber auch im Großhandel mit Papier und Pappe, Fachzweigen also, die weitgehend als Produktionsverbindungshandel in die Warenströme eingeschaltet sind, beabsichtigen die Firmen — per saldo —, ihre Investitionstätigkeit zu erhöhen. In anderen Fachzweigen hingegen ist der Anteil der Firmen, die ihre Investitionen einschränken wollen, größer als der jener Firmen, die eine Ausweitung der Investitionen planen. Das gilt vor allem für den Handel mit Nahrungs- und Genußmitteln, den Baustoff- und den Holzhandel (vgl. Tab. V/1).

Recht unterschiedlich sind die Investitionspläne in Abhängigkeit von der Größe der Unternehmen. Die Großhandelsunternehmen mit Umsätzen bis 50 Mio. DM wollen — mit Ausnahme der Unternehmen mit 5 bis 10 Mio. DM Umsatz — ihre Investitionen im Zeitraum 1985 bis 1990 gegenüber dem Zeitraum 1980 bis 1985 eher erhöhen. Die größeren und großen Firmen beabsichtigen hingegen per saldo eine Verminderung der Investitionstätigkeit (vgl. Tab. V/2).

---

[1] Vgl. hierzu auch Teichmann, Ulrich / Gischer, Horst: Investitionswille versus Investitionsmöglichkeit, in: Wirtschaftsdienst, 1986/III, S. 153 ff.

V. Investitions- und Finanzierungsperspektiven

Tab. V/1

Investitionspläne im Großhandel
nach ausgewählten Fachzweigen
für den Zeitraum 1985 bis 1990
gegenüber dem Zeitraum 1980 bis 1985

Fachzweig	... % der Unternehmen beabsichtigen, ihre Investitionen			
	zu erhöhen (+)	gleich zu lassen (=)	zu vermindern (-)	Saldo aus + und -
Baustoffe	25	45	30	- 5
Holz	25	44	31	- 6
Sanitärmaterial	33	42	25	+ 8
Werkzeuge, Maschinen	18	70	12	+ 6
Papier, Pappe	54	46	0	+54
Chemikalien	80	20	0	+80
Nahrungs- und Genußmittel	23	46	31	- 8
Textilien, Bekleidung, Schuhe	29	43	28	+ 1
Rundfunk-, Fernseh-, Phonogeräte, Elektroartikel	30	53	17	+13
Schreibwaren, Papier, Bürobedarf	35	35	30	+ 5
Insgesamt	30	45	25	+ 5

Quelle: Erhebungen des Ifo-Instituts für Wirtschaftsforschung 1985.

Tab. V/2

Investitionspläne im Großhandel
nach Umsatzgrößenklassen
für den Zeitraum 1985 bis 1990
gegenüber dem Zeitraum 1980 bis 1985

Unternehmensgröße (Jahresumsatz von ... bis unter ...Mill.DM)	... % der Unternehmen beabsichtigen, ihre Investitionen			
	zu erhöhen (+)	gleich zu lassen (=)	zu vermindern (-)	Saldo aus + und -
- 5	33	50	17	+16
5 - 10	25	49	26	- 1
10 - 25	35	37	28	+ 7
25 - 50	33	43	24	+ 9
50 - 100	12	59	29	-17
100 und mehr	23	42	35	-12
Insgesamt	30	45	25	+ 5

Quelle: Erhebungen des Ifo-Instituts für Wirtschaftsforschung 1985.

Tab. V/3

Investitionspläne des Großhandels
nach Sachanlagebereichen und nach ausgewählten Fachzweigen für den Zeitraum 1985 bis 1990

Fachzweig	... % der Unternehmen werden ihre Investitionen in den folgenden Sachanlagebereichen erhöhen (+) oder vermindern (–)[a]				
	Lageranlagen bzw. -bauten	Übrige Bauten und Instandsetzung	Kraftfahrzeuge bzw. Fuhrpark	Lagertechnik bzw. -ausstattung	Übrige Betriebs- und Geschäftsausstattung (EDV-Anlagen, Kommunikationsgeräte)
Baustoffe	+ 5	+ 3	– 7	+10	+32
Holz	+14	+ 1	+ 3	+18	+18
Sanitärmaterial	+11	– 2	+14	+28	+35
Werkzeuge, Maschinen	+ 6	+16	– 6	+12	+24
Papier, Pappe	+42	± 0	+15	+46	+23
Chemikalien	+50	+13	+40	+33	+60
Nahrungs- und Genußmittel	+10	– 9	+17	+17	+ 9
Textilien, Bekleidung, Schuhe	+18	± 0	+15	+ 9	+31
Rundfunk-, Fernseh-, Phonogeräte, Elektroartikel	+ 3	+ 3	+ 3	+17	+50
Schreibwaren, Papier, Bürobedarf	– 7	–13	+12	+18	+41
Insgesamt	+11	+ 1	+ 5	+19	+29

a) Saldo aus den Meldungen (Firmenanteile) über Erhöhungen und Verminderungen.

Quelle: Erhebungen des Ifo-Instituts für Wirtschaftsforschung 1985.

Die geplanten Investitionen konzentrieren sich stark auf Lagertechnik bzw. -ausstattung sowie auf die übrige Betriebs- und Geschäftsausstattung, in der sowohl EDV-Anlagen als auch Kommunikationsgeräte zusammengefaßt sind. Weit weniger häufig beabsichtigen die Firmen, in Lageranlagen und -bauten, wie überhaupt in Bauten und Instandsetzungen sowie in den Fuhrpark zu investieren (vgl. Tab. V/3).

Investitionen in den Bereichen Lagertechnik bzw. -ausstattung wollen vor allem Handelsunternehmen im Bereich Papier und Pappe forcieren, aber auch der Chemiehandel. Der insgesamt recht investitionsfreudige Chemiehandel beabsichtigt im Zeitraum 1985 bis 1990 außerdem eine deutliche Steigerung der Investitionen in EDV-Anlagen und Kommunikationsgeräten. Diesem Investitionszweck wird auch im Handel mit Rundfunk-, Fernseh- und Phonoartikeln sowie Elektroartikeln überdurchschnittliches Gewicht zuerkannt (vgl. Tab. V/3).

Erhebliche Unterschiede hinsichtlich der Investitionen in verschiedene Positionen des Anlagevermögens zeigen sich nach Umsatzgrößenklassen. Während die Unternehmen mit Umsätzen bis zu 50 Mio. DM verstärkt Mittel für Investitionen in Lageranlagen bzw. -bauten bereitstellen, steht bei den größeren Unternehmen die Konsolidierung in diesem Anlagebereich im Vordergrund. Bei den übrigen Bauten, aber auch der Instandsetzung sind die großen Unternehmen mit mehr als 100 Mio. DM Jahresumsatz sogar geneigt, in der Zukunft insgesamt weniger Mittel zur Verfügung zu stellen. Eine deutliche Zunahme der Investitionen planen die Unternehmen mit mehr als 50 Mio. DM Umsatz vor allem im Bereich der Lagertechnik bzw. -ausstattung. Das dürfte durch Funktionserweiterungen und -verlagerungen des Großhandels beeinflußt sein. Vor allem Industrieunternehmen, die im Zuge ihrer Produktionsrationalisierung Lager aufgeben und die Bereitstellung von Vorprodukten aus Effizienzgründen auslagern, erwarten von ihren Lieferanten aus dem Großhandel eine verstärkte Zusammenarbeit und eine Übernahme von Funktionen in diesen Aufgabengebieten. Eine Zunahme der Investitionen wird auch im Bereich EDV-Anlagen sowie der Kommunikationsgeräte erfolgen. Diese Investitionswelle wird — den Meldungen der Firmen zufolge — in den kommenden Jahren auch die kleinen und mittleren Unternehmen voll erfassen. Bei den großen Unternehmen mit mehr als 100 Mio. DM Jahresumsatz dürfte dagegen dieser Prozeß inzwischen weitgehend abgeschlossen sein. Die für diesen Investitionsbereich vorgesehenen Finanzierungsmittel weisen jedenfalls eine wesentlich geringere Steigerung auf als bei den kleineren Unternehmen (vgl. Tab. V/4).

Der Großhandel wird im Zeitraum 1985 bis 1990 hauptsächlich aus dem Motiv der Rationalisierung der Leistungserstellung investieren. Ersatz von Anlagen und Ausrüstungen sowie Erweiterungen spielen demgegenüber eine geringere Rolle (vgl. Tab. V/5).

1. Investitionstätigkeit

Tab. V/4

Investitionspläne des Großhandels
nach Sachanlagebereichen und nach Umsatzgrößenklassen
für den Zeitraum 1985 bis 1990

Unternehmensgröße (Jahresumsatz von ... bis unter ...Mill.DM)	... % der Unternehmen werden ihre Investitionen in den folgenden Sachanlagebereichen erhöhen (+) oder vermindern (-)				
	Lageranlagen bzw. -bauten	Übrige Bauten und Instandsetzung	Kraftfahrzeuge bzw. Fuhrpark	Lagertechnik bzw. -ausstattung	Übrige Betriebs- und Geschäftsausstattung (EDV-Anlagen, Kommunikationsgeräte)
- 5	+16	- 3	+ 5	+19	+25
5 - 10	± 0	+ 4	- 1	+ 9	+34
10 - 25	+15	+ 9	+ 7	+18	+33
25 - 50	+22	+ 3	+ 5	+19	+27
50 - 100	± 0	± 0	+12	+41	+41
100 und mehr	± 0	-28	+ 8	+31	+19
Insgesamt	+11	+ 1	+ 5	+19	+29

a) Saldo aus den Meldungen (Firmenanteile) über Erhöhungen und Verminderungen.

Quelle: Erhebungen des Ifo-Instituts für Wirtschaftsforschung 1985.

Tab. V/5

Investitionspläne des Großhandels nach Investitionsmotiven und nach ausgewählten Fachzweigen für den Zeitraum 1985 bis 1990

Fachzweig	... % der Unternehmen werden ihre Investitionen zum Zwecke des Ersatzes, der Erweiterung oder der Rationalisierung erhöhen (+) oder vermindern (-) a)		
	Ersatz	Erweiterung	Rationalisierung
Baustoffe	+ 3	- 3	+50
Holz	+44	- 1	+56
Sanitärmaterial	+42	+42	+90
Werkzeuge, Maschinen	+24	+35	+87
Papier, Pappe	+45	+100	+92
Chemikalien	+111	+12	+129
Nahrungs- und Genußmittel	+17	+ 8	+63
Textilien, Bekleidung, Schuhe	± 0	± 0	+64
Rundfunk-, Fernseh-, Phonogeräte, Elektroartikel	+31	+11	+100
Schreibwaren, Papier, Bürobedarf	+ 6	± 0	+76
Insgesamt	+28	+11	+72

a) Gewichteter Saldo aus den Meldungen (Firmenanteile) über Erhöhungen und Verminderungen.

Quelle: Erhebungen des Ifo-Instituts für Wirtschaftsforschung 1985.

1. Investitionstätigkeit

Tab. V/6

Investitionspläne des Großhandels
nach Investitionsmotiven und nach Umsatzgrößenklassen
für den Zeitraum 1985 bis 1990

Unternehmensgröße (Jahresumsatz von ... bis unter ...Mill.DM)	... % der Unternehmen werden ihre Investitionen zum Zwecke des Ersatzes, der Erweiterung oder der Rationalisierung erhöhen (+) oder vermindern (−)a)		
	Ersatzinvesti- tionen	Erweiterungs- investitionen	Rationalisierungs- investitionen
− 5	+19	+16	+43
5 − 10	+25	+15	+76
10 − 25	+32	+13	+74
25 − 50	+27	± 0	+90
50 − 100	+65	+33	+81
100 und mehr	+19	± 0	+89
Insgesamt	+28	+11	+72

a) Gewichteter Saldo aus den Meldungen (Firmenanteile) über Erhöhungen und Verminderungen.

Quelle: Erhebungen des Ifo-Instituts für Wirtschaftsforschung 1985.

Besonders der Chemiehandel hat vor, seine Betriebs- und Geschäftsausstattung stärker zu rationalisieren. In etwas schwächerem Ausmaß gilt das auch für den Handel mit Unterhaltungselektronik und Elektroartikeln sowie für den Handel mit Papier und Pappe und den Großhandel mit Sanitärmaterial. Im Chemiehandel kommt auch dem Ersatzmotiv eine nicht unerhebliche Bedeutung zu. Eine Erweiterung der Kapazitäten sieht besonders der Handel mit Papier und Pappe vor. Hingegen beabsichtigen die Firmen des Baustoffhandels, des Holzhandels, des Handels mit Textilien, Bekleidung und Schuhen sowie des Großhandels mit Schreibwaren, Papier und Bürobedarf per saldo keine Erweiterungen im Anlagen- und Ausrüstungsbereich (vgl. Tab. V/5).

Bei den Großhandelsunternehmen mit mehr als 25 Mio. DM Jahresumsatz nehmen die Rationalisierungsinvestitionen eine besonders wichtige Stellung ein. Weit weniger stark dominiert dieses Investitionsmotiv bei den Unternehmen mit weniger als 5 Mio. DM Jahresumsatz. Erweiterungsinvestitionen werden in größerem Umfang nur von den Firmen mit 50 bis 100 Mio. DM Jahresumsatz vorgenommen. In dieser Umsatzgrößenklasse stehen offenbar auch Ersatzinvestitionen in nicht unerheblichem Ausmaß an (vgl. Tab. V/6).

Die nach Fachzweigen und Umsatzgrößenklassen recht unterschiedlichen Investitionsaktivitäten werden zu Verschiebungen innerhalb der Vermögenspositionen und Leistungspotentiale der Großhandelsunternehmen führen. Sie haben hinsichtlich Umfang und Qualität recht unterschiedliche Auswirkungen auf den Kapitalbedarf. Der überwiegende Teil der Unternehmen beabsichtigt, ihr Sachanlagevermögen zu erhöhen, innerhalb des Umlaufvermögens aber sowohl den Lagerbestand als auch die Außenstände einzuschränken. Zur Verbesserung der Liquidität gehen die Firmen davon aus, daß die flüssigen Mittel an Bedeutung gewinnen (vgl. Tab. V/7 und V/8).

2. Kapitalbedarf

Geht man davon aus, daß sich die nominalen Umsätze des Großhandels im Zeitraum 1985 bis 1990 im Jahresdurchschnitt um rd. 4,5 % erhöhen[2], so werden die Umsätze im Jahre 1990 um rd. 25 % höher sein als 1985 und bei etwa 1070 Mrd. DM liegen. Für den zusätzlichen Umsatz wird auch entsprechend mehr Kapital benötigt.

Die künftige Entwicklung der Kapitalumschlagshäufigkeit ist freilich quantitativ nur schwer abzuschätzen. Für einen weiteren Anstieg der Kapitalumschlagshäufigkeit, also eines Produktivitätszuwachses, im Großhandel, wie er im Zeitraum 1968 bis 1984 anhand der Ifo-Befragungen deutlich geworden ist, spricht vor allem, daß die großen Unternehmen des Großhandels mit Fort-

---

[2] Dabei wurde unterstellt, daß die realen Umsätze um 2,5 % im Jahresdurchschnitt zunehmen und eine Preissteigerung von jahresdurchschnittlich 2 % vorliegt.

2. Kapitalbedarf

Tab. V/7

Veränderungen im Anlage- und Umlaufvermögen des Großhandels nach ausgewählten Fachzweigen im Zeitraum 1985 bis 1990

Fachzweig	... % der Unternehmen gehen davon aus, daß sich folgende Positionen des Anlage- und Umlaufvermögens erhöhen (+) oder vermindern (-)a)				
	Sachanlage-vermögen	Finanzanlage-vermögen (z.B. Beteiligungen, Wertpapiere)	Lagerbestand	Flüssige Mittel (z.B. Kassenbestand, Bankeinlagen)	Forderungen insgesamt
Baustoffe	+19	+ 4	-22	+10	-22
Holz	+21	- 3	-16	+15	-28
Sanitärmaterial	+26	- 2	-26	+14	-25
Werkzeuge, Maschinen	+18	± 0	± 0	+53	- 7
Papier, Pappe	+46	± 0	+31	± 0	+36
Chemikalien	+75	± 0	-18	+27	+20
Nahrungs- und Genußmittel	+17	-17	+ 8	-25	± 0
Textilien, Bekleidung, Schuhe	+14	± 0	-46	+23	-21
Rundfunk-, Fernseh-, Phonogeräte, Elektroartikel	+19	- 6	-25	± 0	-22
Schreibwaren, Papier, Bürobedarf	± 0	+12	- 6	+25	- 6
Insgesamt	+22	- 1	-17	+13	-18

a) Saldo aus den Meldungen (Firmenanteile) über Erhöhungen und Verminderungen.

Quelle: Erhebungen des Ifo-Instituts für Wirtschaftsforschung 1985.

Tab. V/8   Veränderungen im Anlage- und Umlaufvermögen des Großhandels
nach Umsatzgrößenklassen
im Zeitraum 1985 bis 1990

... % der Unternehmen gehen davon aus, daß sich folgende Positionen des Anlage- und Umlaufvermögens erhöhen (+) oder vermindern (−)[a]

Unternehmensgröße (Jahresumsatz von ... bis unter ...Mill.DM)	Sachanlagevermögen	Finanzanlagevermögen (z.B. Beteiligungen, Wertpapiere)	Lagerbestand	Flüssige Mittel (z.B. Kassenbestand, Bankeinlagen)	Forderungen insgesamt
− 5	+21	− 2	− 3	+16	− 8
5 − 10	+30	− 2	−12	+13	−22
10 − 25	+22	+ 8	−27	+15	−26
25 − 50	+24	+ 3	−28	+18	−17
50 − 100	+18	− 6	−32	+ 6	−17
100 und mehr	+22	− 8	− 8	−11	− 4
Insgesamt	+24	− 1	−17	+13	−18

a) Saldo aus den Meldungen (Firmenanteile) über Erhöhungen und Verminderungen.

Quelle: Erhebungen des Ifo-Instituts für Wirtschaftsforschung 1985.

schreiten des Konzentrationsprozesses ein wesentlich höheres Gewicht erhalten. Es hat sich gezeigt, daß die großen Unternehmen ihr Kapital deutlich häufiger umschlagen als die kleinen (vgl. Kap. II). Außerdem erkennen die Unternehmen des Großhandels – der Ifo-Befragung zufolge – mehr und mehr, daß in den Lagerbeständen, aber auch in den Außenständen, erhebliches Kapital gebunden ist, das durch eine Verbesserung des Mahnwesens bzw. eine effizientere Logistik verringert werden könnte. Andererseits wirken die steigenden Anforderungen von Abnehmern und Lieferanten hinsichtlich Sortimentsbildung, Erhöhung der Lieferbereitschaft und Lieferfähigkeit sowie Kreditierung dahin, die Lagerbestände und Forderungen tendenziell zu erhöhen. Darüber hinaus dürfte in den nächsten Jahren die Bedeutung des Anlagevermögens am Gesamtvermögen der Großhandelsunternehmen eher etwas zunehmen und der Anteil des Umlaufvermögens leicht abnehmen. Da die Umlaufgeschwindigkeit des Umlaufvermögens höher ist als die des Anlagevermögens, gehen von dieser Entwicklung Einflüsse auf die Kapitalumschlagshäufigkeit aus, die eher eine Stagnation oder sogar einen Rückgang bewirken können.

Nach Abwägung der unterschiedlichen Wirkungen der Einflußfaktoren ist nach Auffassung des Ifo-Instituts insgesamt davon auszugehen, daß sich die Kapitalumschlagshäufigkeit des Großhandels in den kommenden Jahren ähnlich stark erhöhen wird, wie das für die vergangenen Jahre zu beobachten war, d. h. der zusätzliche Kapitalbedarf wird auch in den Jahren 1985 bis 1990 schwächer zunehmen als die Umsätze. Geht man davon aus, daß die Kapitalumschlagshäufigkeit in diesem Zeitraum ebenso stark ansteigt wie im Durchschnitt der Jahre 1968 bis 1984, so ergibt sich bis 1990 ein zusätzlicher Kapitalbedarf des Großhandels von annähernd 50 Mrd. DM.

Im Rahmen der Recherchen für die vorliegende Arbeit ist der Eindruck entstanden, daß vor allem die kleinen und mittleren Großhandelsunternehmen dem Kapitalumschlag zu geringe Aufmerksamkeit beimessen und dadurch Rationalisierungspotentiale beim Kapitaleinsatz ungenutzt lassen.

3. Finanzierung

Den erforderlichen Kapitalbedarf für die geplanten Anlageinvestitionen beabsichtigen die Unternehmen des Großhandels – den Ifo-Erhebungen zufolge – hauptsächlich unter Verwendung von Gewinnen und Abschreibungserlösen zu decken. Auch der Inanspruchnahme von mittel- und langfristigem Fremdkapital kommt eine erhebliche Bedeutung zu. Die Kapitalbeschaffung durch Kapitalzufuhr von außen wird weit weniger häufig ins Auge gefaßt. Eine noch geringere Bedeutung messen die Unternehmen der Möglichkeit des Verkaufs von Finanz- und Sachanlagen zur Kapitalbeschaffung bei (vgl. Tab. V/9).

Tab. V/9 Finanzierung geplanter Anlageinvestitionen im Großhandel nach Finanzierungsarten und nach ausgewählten Fachzweigen

Fachzweig	... % der Unternehmen beabsichtigen, die geplanten Anlageinvestitionen folgendermaßen zu finanzieren:a)			
	Verwendung von Gewinnen und Abschreibungserlösen	Kapitalzufuhr von außen (zusätzliches Eigenkapital durch Einlagenerhöhung)	Beschaffung zusätzlicher Eigenmittel durch Verkauf von Finanz- und Sachanlagen	Inanspruchnahme von mittel- und langfristigen Fremdmitteln
Baustoffe	71	14	11	60
Holz	72	18	6	48
Sanitärmaterial	73	20	9	61
Werkzeuge, Maschinen	67	17	7	44
Papier, Pappe	81	17	9	46
Chemikalien	87	25	7	44
Nahrungs- und Genußmittel	79	6	6	45
Textilien, Bekleidung, Schuhe	69	36	5	68
Rundfunk-, Fernseh-, Phonogeräte, Elektroartikel	81	12	8	48
Schreibwaren, Papier, Bürobedarf	73	23	0	62
Insgesamt	74	17	8	54

a) Gewichtete Meldeergebnisse. Mehrfachmeldungen waren möglich.

Quelle: Erhebungen des Ifo-Instituts für Wirtschaftsforschung 1985.

3. Finanzierung

Eine besonders starke Dominanz hat die Verwendung von Gewinnen und Abschreibungserlösen für die Finanzierung geplanter Anlageinvestitionen in den Fachzweigen Chemie, Papier und Pappe sowie Elektroartikel, also jenen Bereichen, die am häufigsten eine Ausweitung der Investitionen planen. Es kann daher vermutet werden, daß die Bereitstellung von Mitteln für zusätzliche Investitionen vor allem in diesen Fachzweigen durch günstigere Erträge erfolgen wird. Entsprechend wird von den Unternehmen dieser Großhandelsfachzweige eine Inanspruchnahme von Fremdmitteln nur unterdurchschnittlich häufig in Erwägung gezogen. Die Verschuldungsbereitschaft zur Finanzierung von Anlageinvestitionen ist hingegen im Großhandel mit Textilien, Bekleidung und Schuhen, Papier, Schreibwaren und Bürobedarf, sanitärem Installationsmaterial sowie mit Baustoffen überdurchschnittlich hoch. Vor allem im Großhandel mit Textilien, Bekleidung und Schuhen sowie im Chemiehandel wird auch mit einer Einlageerhöhung der Gesellschafter als Finanzierungsinstrument gerechnet (vgl. Tab. V/9).

Die Unternehmen mit weniger als 10 Mio. DM Jahresumsatz haben die Verwendung von Gewinnen und Abschreibungen zur Finanzierung geplanter Anlageinvestitionen weniger häufig im Auge als die Unternehmen in den oberen Umsatzgrößenklassen. Fremdmittel wurden demgegenüber von den Unternehmen mit mehr als 50 Mio. DM Jahresumsatz weniger oft als mögliche Finanzierungsquelle angegeben. Die Firmen dieser Größenordnung präferieren wesentlich stärker als die kleineren Unternehmen des Großhandels die Beschaffung zusätzlicher Finanzierungsmittel durch den Verkauf von Finanz- und Sachanlagen (vgl. Tab. V/10).

Neben der herkömmlichen Finanzierung von Anlageinvestitionen werden von den Großhandelsunternehmen tendenziell häufiger als bisher auch Finanzierungssurrogaten, wie z. B. dem Leasing, größere Bedeutung beigemessen. Das gilt vor allem für Unternehmen mit einem Jahresumsatz von mehr als 25 Mio. DM.

Die zur Aufrechterhaltung des laufenden Betriebsprozesses erforderlichen Zahlungen werden, soweit die Zahlungseingänge aus den Umsatzerlösen nicht ausreichen, in den kommenden Jahren hauptsächlich durch die Aufnahme von kurzfristigen Krediten bzw. die stärkere Ausschöpfung von bereits eingeräumten Kreditrahmen finanziert. Etwa zwei Fünftel der vom Ifo-Institut befragten Unternehmen wollen dieses Instrument zur Betriebsmittelfinanzierung heranziehen. Weit weniger häufig werden die Großhandelsunternehmen — den geäußerten Erwartungen zufolge — auf Lieferantenkredite zurückgreifen, die, soweit sie mit dem Verlust der Skonti verbunden sind, eine verhältnismäßig teure Finanzierungsmöglichkeit darstellen.

Tab. V/10: Finanzierung geplanter Anlageinvestitionen im Großhandel nach Finanzierungsarten und nach Umsatzgrößenklassen

Unternehmensgröße (Jahresumsatz von ... bis unter ..Mill.DM)	... % der Unternehmen beabsichtigen, die geplanten Anlageinvestitionen folgendermaßen zu finanzieren:a)			
	Verwendung von Gewinnen und Abschreibungserlösen	Kapitalzufuhr von außen (zusätzliches Eigenkapital durch Einlagenerhöhung)	Beschaffung zusätzlicher Eigenmittel durch Verkauf von Finanz- und Sachanlagen	Inanspruchnahme von mittel- und langfristigen Fremdmitteln
- 5	64	25	6	55
5 - 10	71	16	9	53
10 - 25	80	15	8	59
25 - 50	80	21	5	54
50 - 100	80	23	17	46
100 und mehr	75	15	16	48
Insgesamt	74	17	8	54

a) Gewichtete Meldeergebnisse. Mehrfachmeldungen waren möglich.

Quelle: Erhebungen des Ifo-Instituts für Wirtschaftsforschung 1985.

Tab. V/11 Voraussichtliche Finanzierung der laufenden Betriebsmittel im Großhandel nach Finanzierungsmaßnahmen und nach ausgewählten Fachzweigen im Zeitraum 1985 bis 1990

... % der Unternehmen beabsichtigen, zur Betriebsmittelfinanzierung in den nächsten Jahren folgende Maßnahmen zu treffen:

Fachzweig	vermehrte Inanspruchnahme kurzfristiger Bankkredite		verstärkte Inanspruchnahme von Lieferantenkrediten		verstärkte Nutzung von Factoring	
	ja	nein	ja	nein	ja	nein
Baustoffe	39	61	7	93	8	92
Holz	43	57	25	75	6	94
Sanitärmaterial	42	58	11	89	5	95
Werkzeuge, Maschinen	35	65	27	73	15	85
Papier, Pappe	42	58	8	92	0	100
Chemikalien	45	55	37	63	0	100
Nahrungs- und Genußmittel	36	64	9	91	0	100
Textilien, Bekleidung, Schuhe	54	46	10	90	0	100
Rundfunk-, Fernseh-, Phonogeräte, Elektroartikel	23	77	33	67	4	96
Schreibwaren, Papier, Bürobedarf	56	44	10	90	0	100
Insgesamt	40	60	18	82	5	95

Quelle: Erhebungen des Ifo-Instituts für Wirtschaftsforschung 1985.

V. Investitions- und Finanzierungsperspektiven

Tab. V/12

Voraussichtliche Finanzierung der laufenden Betriebsmittel im Großhandel nach Finanzierungsmaßnahmen und nach Umsatzgrößenklassen im Zeitraum 1985 bis 1990

Unternehmensgröße (Jahresumsatz von ... bis unter ...Mill.DM)	... % der Unternehmen beabsichtigen, zur Betriebsmittelfinanzierung in den nächsten Jahren folgende Maßnahmen zu treffen:							
	vermehrte Inanspruchnahme kurzfristiger Bankkredite		verstärkte Inanspruchnahme von Lieferantenkrediten		verstärkte Nutzung von Factoring	
	ja	nein	ja	nein	ja	nein
- 5	43	57	17	83	7	93
5 - 10	41	59	10	90	6	94
10 - 25	41	59	23	77	5	95
25 - 50	26	74	23	77	7	93
50 - 100	31	69	15	85	7	93
100 und mehr	52	48	22	78	0	100
Insgesamt	40	60	18	82	6	94

Quelle: Erhebungen des Ifo-Instituts für Wirtschaftsforschung 1985.

3. Finanzierung

Dem Factoring wird — der Auskunft der Großhandelsunternehmen zufolge — auch in den kommenden Jahren keine wesentliche Bedeutung zukommen. Das mag vor allem daran liegen, daß die Unternehmen befürchten, bei Anwendung dieses Instrumentariums und der Einschaltung eines „Factors" die im mittelständischen Großhandel gepflegten persönlichen Kontakte zu den Abnehmern zu belasten oder sogar Kunden zu verlieren (vgl. Tab. V/11 und V/12).

VI. Zusammenfassung der Untersuchungsergebnisse in Thesenform

Die Untersuchung der Finanzierungsverhältnisse und -erfordernisse im Großhandel hat folgende wesentliche Ergebnisse erbracht:

Finanzierungssituation

- Die durchschnittliche Kapitalbindungsdauer betrug im Jahre 1984 rd. 3,5 Monate; sie ist damit wesentlich kürzer als im Durchschnitt des Einzelhandels oder des Verarbeitenden Gewerbes.
- Je größer die Großhandelsunternehmen, desto schneller ist der Kapitalumschlag: Er reicht von 2,7 bei den kleineren Unternehmen mit weniger als 5 Mio. DM Jahresumsatz bis zu 4,7 bei den großen Unternehmen mit mehr als 100 Mio. DM Jahresumsatz.
- Das Anlagevermögen hat im Großhandel einen Anteil an der Bilanzsumme von rd. 22 %; kleine und mittlere Unternehmen haben eine überdurchschnittliche, große Unternehmen eine unterdurchschnittliche Anlagenquote.
- Die durchschnittliche Eigenkapitalquote des Großhandels wurde für 1984 mit 23 % ermittelt. Die kleinen und mittleren Unternehmen weisen eine spürbar bessere Eigenkapitalausstattung auf als die großen. Das bedeutet — für sich betrachtet —, daß die großen Unternehmen eine höhere Belastung des Umsatzes mit — ausgabewirksamen — Fremdkapitalzinsen zu tragen haben. Die höhere Kapitalproduktivität und die wohl günstigeren Kreditkonditionen der großen Unternehmen dürften diesen Nachteil weitgehend kompensieren.
- Die Gegenüberstellung der Vermögens- und Kapitalstruktur zeigt, daß das Anlagevermögen im Durchschnitt durch das Eigenkapital gerade gedeckt ist. Eigenkapital und langfristiges Fremdkapital zusammen decken — neben dem Anlagevermögen — noch rd. 22 % des Umlaufvermögens ab. Unter dem Gesichtspunkt der Fristenkongruenz zwischen Vermögensbindungs- und Kapitalverweildauer ist die Finanzierungsstruktur des Großhandels insgesamt als zufriedenstellend zu werten. Die kleinen Unternehmen weisen dabei eine wesentlich stärkere Überdeckung mit langfristigen Mitteln auf als die mittleren und vor allem die großen.

VI. Zusammenfassung der Untersuchungsergebnisse in Thesenform 93

— Auch die Relation zwischen Umlaufvermögen und kurzfristigen Verbindlichkeiten, die ein Ausdruck für die Liquidität darstellt, weist mit 1,5 einen relativ hohen Wert auf. Vor allem bei den kleinen Unternehmen ist das Umlaufvermögen wesentlich größer als die kurzfristigen Verbindlichkeiten.

Veränderung der Finanzierungsverhältnisse

— Die Kapitalumschlagshäufigkeit des Großhandels hat sich im Zeitraum 1968 bis 1984 tendenziell etwas erhöht, die Kapitalproduktivität also geringfügig verbessert. Es ist zu vermuten, daß im Großhandel der Steigerung der Kapitalproduktivität nach wie vor nicht die erforderliche Aufmerksamkeit geschenkt wird. Insbesondere bei den kleinen und mittleren Unternehmen dürften noch erhebliche Rationalisierungsreserven vorhanden sein.
— In den zurückliegenden Jahren hat sich die Vermögensstruktur des Großhandels geringfügig zugunsten des Umlaufvermögens verschoben. Das gilt vor allem für die großen Unternehmen, während bei den Firmen mit einem Jahresumsatz von weniger als 10 Mio. DM der Anteil des Umlaufvermögens an der Bilanzsumme eher abgenommen hat.
— Die durchschnittliche Eigenkapitalquote verringerte sich von 32 % im Jahre 1968 auf 23 % im Jahre 1984. Davon waren die Unternehmen aller Größenklassen betroffen, am stärksten die Unternehmen mit 2 bis 5 Mio. DM Jahresumsatz.
— Die Anlagendeckung verschlechterte sich infolge des Rückgangs der Eigenkapitalquote spürbar. Der Rückgang des Eigenkapitals konnte durch die verstärkte Aufnahme von langfristig verfügbarem Fremdkapital nur zum Teil ausgeglichen werden. Entsprechend mußte mehr Umlaufvermögen durch kurzfristiges Fremdkapital finanziert werden. Die Finanzierung des Großhandels ist damit seit Ende der 60er Jahre sowohl unter dem Gesichtspunkt der Haftungsbasis als auch der Fristenkongruenz risikoreicher geworden.

Finanzierung des Kapitalbedarfs

— Angesichts der erhöhten Leistungsanforderungen, die an den Großhandel gestellt werden, hat sich der Kapitalbedarf — trotz schwacher Entwicklung der Investitionsquote und zunehmender Kapitalproduktivität — erhöht.
— Empirischen Ergebnissen zufolge hat der Großhandel in den zurückliegenden Jahren seine Investitionen in erster Linie durch Gewinne und Abschreibungserlöse, also aus eigener Kraft, finanziert. Soweit Fremdmittel in Anspruch genommen wurden, handelte es sich um Kredite, die zu „Normal-

konditionen" ausgereicht wurden; Kredite aus öffentlichen Programmen wurden hingegen relativ selten in Anspruch genommen.
- Die Innenfinanzierungskraft des Großhandels — gemessen am Cash Flow — hat sich in den zurückliegenden Jahren spürbar verschlechtert. Das ist ausschließlich auf die sinkende Gewinnquote zurückzuführen; die Abschreibungsquote hat sich demgegenüber nicht verändert.
- Der nach Abzug der kalkulatorischen Kosten Unternehmerlohn und Eigenkapitalzinsen sowie der Gewinnsteuern verbleibende Netto-Cash Flow hat jedoch in der Vergangenheit zur Finanzierung der Investitionen ausgereicht. Zur Finanzierung des gesamten zusätzlichen Kapitalbedarfs mußte allerdings teilweise auf Fremdmittel zurückgegriffen werden.
- Die rückläufige Eigenkapitalquote läßt sich mit der Fremdmittelaufnahme allein nicht erklären. Es ist zu vermuten, daß in den zurückliegenden Jahren Teile des Cash Flow — für welche Zwecke auch immer — außerbetriebliche Verwendung fanden.
- Die Gesamtkapitalrentabilität des Großhandels hat sich in den vergangenen Jahren tendenziell verschlechtert. Das führte vor allem in Hochzinsphasen zu einer Verringerung der Eigenkapitalrentabilität. Bei weiterem Absinken der Gesamtkapitalrentabilität ist der Zeitpunkt abzusehen, bei dem der Einsatz von Fremdkapital unter rein betriebswirtschaftlicher Sicht nicht mehr zu rechtfertigen ist. Ein weiteres spürbares Absinken der Eigenkapitalquote ist dadurch „vorprogrammiert".

Investitions- und Finanzierungsperspektiven

- Der Großhandel plant, seine Investitionstätigkeit in den kommenden Jahren leicht auszuweiten. Das gilt vor allem für die kleinen und mittleren Unternehmen; die großen Unternehmen beabsichtigen hingegen, ihre Investitionstätigkeit tendenziell eher einzuschränken.
- Der Kapitalbedarf des Großhandels dürfte in den kommenden Jahren — bei weiter leicht steigender Kapitalproduktivität — zunehmen.
- Die Finanzierung der geplanten Anlageinvestitionen soll auch in den kommenden Jahren in erster Linie durch Verwendung von Gewinnen und Abschreibungserlösen erfolgen. Angesichts weiter rückläufiger Gesamtkapitalrendite und Eigenkapitalquote dürften jedoch die Innenfinanzierungsspielräume des Großhandels in den nächsten Jahren spürbar schrumpfen.

Literatur- und Quellenverzeichnis

Albach, H. u. a.: Zur Versorgung der deutschen Wirtschaft mit Risikokapital, ifm-materialien Nr. 9, Bonn 1983

Arbeitskreis Tacke der Schmalenbach-Gesellschaft – Deutsche Gesellschaft für Betriebswirtschaft e. V.: Geschäftspolitische und organisatorische Aspekte des Kreditmanagements, Teil I: Grundsätzliche Überlegungen zur Kreditpolitik, in: Zeitschrift für betriebswirtschaftliche Forschung, 1981

– Geschäftspolitische und organisatorische Aspekte des Kreditmanagements, Teil II: Die Auswertung und Kommentierung einer Umfrage „Zur Organisation des Kreditmanagements", in: Zeitschrift für betriebswirtschaftliche Forschung, 1981

Arnold, W.: Zur Diskussion über die Struktur der mittelständischen Eigenkapitalnachfrage, in: Wossidlo, P. R. (Hrsg.): Die Finanzierung mittelständischer Unternehmen in Deutschland, Berlin 1985

Batzer, E. u. a.: Die Warendistribution in der Bundesrepublik Deutschland, Schriftenreihe des Ifo-Instituts für Wirtschaftsforschung, Ifo-Studien zu Handels- und Dienstleistungsfragen, Heft 24, München 1984

Cassier, S. C.: Die spezifischen Finanzierungsmöglichkeiten der mittelständischen Unternehmen, in: Wossidlo, P. R. (Hrsg.): Die Finanzierung mittelständischer Unternehmen in Deutschland, Berlin 1985

Chmielewicz, K. / *Caspari*, B.: Zur Problematik von Finanzierungsrechnungen, in: DBW, Heft 2, 1985

Deutsche Bundesbank: Jahresabschlüsse der Unternehmen in der Bundesrepublik Deutschland 1965 bis 1981, Sonderdruck Nr. 5

– Monatsberichte

Deutsches Institut für Wirtschaftsforschung: Wochenbericht 8/86

Eichhorn, K. / *Fehr*, G.: Das schnelle Geschäft, Die Abwicklung des O & G-Geschäftes auf der Großhandelsstufe, Köln 1986

Flassbeck, H. / *Koll*, W.: Kapital und Rendite, in: Wirtschaftswoche Nr. 21, 1983

Gruhler, W.: Wirtschaftsfaktor Mittelstand, Köln 1984

Fritsch, U.: Die Eigenkapitallücke in der Bundesrepublik, Köln 1981

Hess, J.: Der Groß- und Außenhandel als Finanzier und Bankier seiner Kunden, Hrsg.: Groß- und Außenhandelsverband Baden-Württemberg, Mannheim 1982

Irsch, N.: Die Eigenkapitalausstattung mittelständischer Unternehmen, in: Wirtschaftsdienst X/1985

- Erträge, Eigenkapitalausstattung und Investitionsneigung, Thesen und empirische Belege, in: Konjunkturpolitik, Heft 6, 1985

Irsch, N. / *Zimmermann-Trapp*, A.: Die Eigenkapitalausstattung und Investitionstätigkeit der Unternehmen in der Bundesrepublik Deutschland, in: Wirtschaftswissenschaftliches Studium, Heft 6, Juni 1986

Kreditanstalt für Wiederaufbau: Kennzahlen zur Struktur von Bilanz und Gewinn- und Verlustrechnung für den Großhandel, Sonderauswertung der Kreditnehmerstatistik

Meyerhöfer, W.: Finanzierungsverhältnisse im westdeutschen Großhandel, Schriftenreihe des Ifo-Instituts für Wirtschaftsforschung, Ifo-Studien zu Handelsfragen, Nr. 9, München 1964

- Finanzierungsverhältnisse im Großhandel, Schriftenreihe des Ifo-Instituts für Wirtschaftsforschung, Ifo-Studien zu Handelsfragen, Nr. 16, München 1970

Perlitz, M. / *Küpper*, H.: Die Eigenkapitalausstattung von Unternehmen, in: Wirtschaftswissenschaftliches Studium, Heft 10, 1985

Philippi, H.: Bericht über die Betriebsvergleichsergebnisse des Großhandels im Jahr 1984, in: Mitteilungen des Instituts für Handelsforschung an der Universität zu Köln, Dezember 1985

Schlesinger, H.: Bei den öffentlichen Haushalten Konsolidierungskurs beibehalten, in: Handelsblatt vom 25. / 26. 10. 1985

Schmidt, K. G.: Die Funktionen des Eigenkapitals aus der Sicht der Unternehmungen und der Banken, in: Wossidlo, P. R. (Hrsg.): Die Finanzierung mittelständischer Unternehmungen in Deutschland, Berlin 1985

Schmidt, R.: Die Bedeutung von Unteilbarkeiten für mittelständische Unternehmen, in: Albach, H. / Held, T. (Hrsg.): Betriebswirtschaftslehre mittelständischer Unternehmen, Stuttgart 1984

Statistisches Bundesamt: Beschäftigung, Umsatz, Wareneingang, Lagerbestand und Investitionen im Großhandel

- Index der Großhandelsverkaufspreise 1985
- Kostenstruktur im Großhandel bei Buch- u. ä. Verlagen 1980

Sundhoff, E.: Die Kreditfunktion der Großhandlung, in: Mitteilungen des Instituts für Handelsforschung an der Universität zu Köln, März 1985

Teichmann, U. / *Gischer*, H.: Investitionswille versus Investitionsmöglichkeit, in: Wirtschaftsdienst 1986

Uhlmann, L. / *Berger*, M.: Investitionsverhalten und Unternehmensgröße, Schriftenreihe des Ifo-Instituts für Wirtschaftsforschung, Nr. 119, Berlin 1986

Wöhe, G. / *Bilstein*, J.: Grundzüge der Unternehmensfinanzierung, Saarbrücken 1984

Wossidlo, P. R.: Zur Versorgung des Mittelstandes mit Risikokapital, Manuskript eines Vortrags auf dem Informationsforum „Risikokapital für Wachstum und Innovation" in Nürnberg am 7. 5. 1984

Anhang

Tab. A I/1

Verteilung von Unternehmen und Umsätzen im Großhandel
nach Beschäftigtengrößenklassen
Anteil in %

Unternehmensgröße (von... bis... Beschäftigte)	Unternehmen	Umsatz
1 - 5	3,7	0,2
6 - 9	8,6	1,0
10 - 14	8,9	1,2
15 - 19	11,9	2,9
20 - 49	33,9	1,6
50 - 99	17,7	19,6
100 - 199	7,0	13,7
200 - 499	6,4	31,8
500 und mehr	1,9	28,0
Insgesamt	100	100

Quelle: Erhebungen des Ifo-Instituts für Wirtschaftsforschung 1985.

Tab. A I/2

Verteilung von Unternehmen und Umsätzen im Großhandel nach Betriebsformen[a]
Anteil in %

Betriebsform	Unternehmen	Umsatz
Selbständiges, ungebundenes Unternehmen	70,0	70,9
Selbständiges, mit einem Einkaufsverband kooperierendes Unternehmen	49,1	46,9
Selbständiges, aber im Rahmen von Vertragsvertriebsvereinbarungen eng an einen oder mehrere Hersteller gebundenes Großhandelsunternehmen	37,1	8,6
Werkhandels- oder Vertriebsgesellschaft eines Herstellers	1,1	0,3
Tochtergesellschaft eines Konzernunternehmens	3,1	5,3

a) Mehrfachmeldungen waren möglich.

Quelle: Erhebungen des Ifo-Instituts für Wirtschaftsforschung 1985.

Anhang

Tab. A I/3

**Verteilung von Unternehmen und Umsätzen
im Großhandel**
nach Rechtsformen
Anteil in %

Rechtsform	Unternehmen	Umsatz
Einzelunternehmen	14,4	3,7
OHG, KG	25,6	26,8
GmbH	31,3	27,2
GmbH & Co KG	27,8	33,0
AG, KGaA	0,9	9,3
Insgesamt	100	100

Quelle: Erhebungen des Ifo-Instituts für Wirtschaftsforschung 1985.

Tab. A I/4

**Verteilung von Unternehmen und Umsätzen
im Großhandel**
nach Absatzgebieten
Anteil in %

Absatzgebiet	Unternehmen	Umsatz
Lokal	56,1	22,6
Regional	34,6	53,0
Überregional	9,3	24,4
Insgesamt	100	100

Quelle: Erhebungen des Ifo-Instituts für Wirtschaftsforschung 1985.

Tab. A I/5

Verteilung von Unternehmen und Umsätzen im Großhandel
nach der kapitalmäßigen Abhängigkeit
bzw. Unabhängigkeit
Anteil in %

Kapitalmäßige Abhängigkeit bzw. Unabhängigkeit	Unternehmen	Umsatz
Völlig unabhängig	91,4	87,9
Teilweise im Besitz eines oder mehrerer Unternehmen	2,4	3,0
Voll im Besitz eines oder mehrerer Unternehmen	6,2	9,1
Insgesamt	100	100

Quelle: Erhebungen des Ifo-Instituts für Wirtschaftsforschung 1985.

Printed by Libri Plureos GmbH
in Hamburg, Germany